バスク料理大全

Euskal Herriko sukaldaritza tradizionala

はじめに

　海と山の幸に恵まれ、フランスとスペイン双方の影響をお互いに受けながら、世界の料理をリードするバスク地方。「美食の宝箱」と謳われ、世界中から料理を学びに料理人の卵が集まり、「世界一の美食の街」サン・セバスティアンなどテレビや雑誌でも注目を集める地域です。日本でも現地で修行を積んだ若手シェフ達が昨今レストランを様々にオープンさせ、高い評価を得ています。

　今回のレシピ執筆にあたっては、バラエティに富んだ、また、近隣発祥の料理ながらバスク地方でよく食されているものの中から作元慎哉シェフがスペイン・バスクから50点以上、和田直己シェフが、フランス・バスクから50点以上、重要と思われるものを厳選しました。

　いずれもそれぞれのシェフが、現地での修業時代に学んだバスク地方に伝わる古典的なレシピを下敷きにしながらも、できるだけ日本で手に入る材料を使い、素材の味を活かしたものに仕上げています。さらに、各々の感覚で、削ぎ落としたり、加えたり、創意工夫を凝らしたレシピも掲載しています。同じ名前の料理もあり、それがどうアレンジされているか見比べるのも興味深いのではないでしょうか。

　いずれも、各々のレストランで提供しているレシピであり、家庭で気軽に作れるものばかりではありませんが、バスク地方の料理の奥深い世界を理解する上での一助となれば幸いです。

Photo : Saint-Jean-Pied-de-Port / Sugawara Chiyoshi

エウスカル・エリアのオラガロ・ソパ

　お手に取ってくださったこの本には、バスク地方の「美味しいもの」が詰まっている。皆様には、昨今日本でも急速に注目を集めているバスク地方の「美味しいもの」を、本編でぜひご堪能いただきたい。というわけで、本編に入る前のこのページでは、バスク地方の「珍しい食べ物」にまつわる筆者のエピソードを紹介しようと思う。

　スペイン領バスク地方の沿岸部のある町に、オラガロ・ソパ（olagarro zopa）という料理がある（日本語に訳すとolagarroは「蛸」、zopaは「スープ」である。以下、オラガロ・ソパを「タコのスープ」と記す）。調理法が簡単ではないらしく、日常的に食べるものではないようだ。しかし、腕に覚えのある人たちの「調理意欲」をそそるものであるらしく、定期的にコンテストが開かれたり、町の祭ではイベントの一環として大勢の人に振る舞われたりしている（二日酔いに効く、という噂もある）。要するに、「特別」な料理であると言える。

　さて、その「タコのスープ」とはどんなものか。作り方の行程の詳細は筆者にはよくわからないが、なにしろ、まずは蛸を「半分腐るまで放置」するとのこと（ここは「腐る」ではなく「発酵する」と解釈すべきところだと思われるが、説明してくれた「タコのスープ自慢のおじさん」は「腐る」という語を使っていたので、そのまま報告させていただきます）。実はこの段階で筆者は早くも調理法の詳細をお聞きする意欲を失った。ともあれ、「タコのスープ自慢のおじさん」が、自慢のスープをぜひ振る舞いたい、とおっしゃるので、私たち（バスク人10人くらいに筆者が混じったグループだった）は好奇心にかられ、招待を受けた。

　地元のソシエダデアという施設（本編のコラムP66でも紹介されている、厨房施設を備えた飲食のための会員制クラブのようなところ）で、コンテストで優勝したこともあるというおじさんは意気揚々と調理にかかった。私たちは行儀よくテーブルに着いて、料理が供されるのを礼儀正しく待った。そして、くだんの料理がテーブルに置かれるより前に、「かおり」という形でその料理の片鱗を感じ取った。なんという「かおり」だろう。いや、「かおり」という日本語は「芳香」を意味するのであるから、本来ここは「匂い」と言うべきであろう（ここはあくまで礼儀正しくありたいという筆者の心情をお汲み取りいただきたい）。筆者は「くさや」というものを食べたことはおろか、目にしたこともないが、その「匂い」の評判はつとに聞いている。名物タコのスープの「かおり」を感じたとき「もしや、くさやってこんな感じなのかしらん」と想像を巡らせてしまった。ほどなく各自の面前にスープが配られた。同じテーブルに着いていたはずの数人の子どもたちはスプーンを投げ飛ばしてどこかへ姿を消した。大人たちは「歴史的な味だわね」などとまことにポジティヴかつ「おとな」な感想を述べながら、料理人へ礼を尽くして（恐ろしく時間がかかったものの）完食したのであった。味などの詳細に関してはここでは詳しく述べまい。とにかく、料理人の方のこの料理に対する愛着は伝わった。胸を張って客人に手料理を振る舞うその姿は、忘れ得ぬものとなって記憶に刻まれた。

　興味を感じられた皆様は、ぜひバスクへ出向き、タコのスープを実際に味わってみていただきたい（「謎解きと実地踏査の楽しみ」も同時に味わっていただくために、ここでは町の名前はあえて伏せておこうと思う）。そして、この料理に腕を振るう巷の料理自慢たちの、矜持と愛情深さを体感していただきたいと思う。

　なお、タイトルにあるエウスカル・エリア（Euskal Herria）であるが、「バスク地方」をバスク語ではこのように言う。バスク地方の文化には当然様々な面があるが、もっとも独自な文化は何か、といえば、それはまず何をおいてもその言語にほかならないので、タイトルにせめて「バスク地方」（と「タコのスープ」）をバスク語（の、しょせんカタカナ表記ではあるが）で記した次第である。

吉田浩美
（言語学）

バスク
料理大全
Euskal Herriko sukaldaritza tradizionala

目次

8 バスクの基礎知識
10 バスクをより深く知るための8項目
12 バスク料理の基礎知識
15 バスク料理の代表的な食材・ピーマン類

Hego Euskal Herrio errezetak
16 スペイン・バスクのレシピ

18 基本のソース／スープ・ストック（だし汁）：
トマトソース／ピキージョソース／魚介のスープストック

Hego Euskal Herria Kostaldeko errezetak
20 スペイン・バスク 海バスクのレシピ

22 ヒルダのピンチョス
23 イワシのレモンマリネ
24 カサゴのケーキ
25 イワシのマリネサラダ
26 カタクチイワシの衣揚げ
27 ココチャの衣揚げ
28 バカラオのサラダ
30 バカラオとピーマンのバスク風オムレツ
31 カタクチイワシのオムレツ
33 ピキージョのバカラオ詰め ピペラーダソース
34 バカラオのピルピルソース
36 バカラオのビスカヤ風
37 アホアリエロ：バカラオのラバ追い風
38 バカラオとアサリのグリーンソース
40 ビルバオ風メルルーサのフライ
41 マコガレイのチャコリ風
42 マルミタコ：漁師風煮込み
44 スズキのドノスティア風
45 スズキのリンゴ酒煮
46 インゲン豆とアサリの煮込み
48 アサリの漁師風
49 アサリごはん
50 魚介スープ
52 タイのバスク風
54 イカのスミ煮
56 イカの鉄板焼き サラダ玉ネギのソースとイカソミソース
58 イカの玉ネギフライのせ
60 チャングロ：ドノスティア風カニの甲羅焼き
62 コラム01 地域別に見るバスクの食＆文化 スペイン・バスク
64 コラム02 スペイン・バスク 一日の食事
66 コラム03 スペイン・バスクの会員制組織 美食倶楽部

Hego Euskal Herria Barrualdeko errezetak
68 スペイン・バスク 山バスクのレシピ

- 70 ポルサルダ：ネギのスープ
- 71 カボチャのポタージュ
- 72 アルビア黒豆の煮込み
- 73 インゲン豆とチョリソーの煮込み
- 74 ヒヨコ豆の煮込み
- 76 ジャガイモのギプスコア風
- 77 ジャガイモのグリーンソース煮
- 78 ホワイトアスパラガスの生ハム巻き
- 80 メネストラ：季節野菜の温サラダ
- 81 鹿ロースの鉄板焼き 洋ナシのコンポート添え
- 82 ビスカヤ風ハチノスの煮込み
- 83 チストラ：羊腸ソーセージのリンゴ酒風
- 84 バスク風地鶏のチャコリ煮
- 86 豚足の煮込み リンゴとドライフルーツのコンポート添え
- 88 牛タンのトロサ風シチュー
- 90 仔牛ホホ肉の赤ワイン煮
- 91 骨付き肉の炭火焼き
- 92 フォワグラの鉄板焼き
  リンゴ酒のカラメルがけ 季節の果物 リンゴのピューレ添え
- 94 コラム04 **スペイン・バスク トップシェフと著名レストラン**
- 96 コラム05 **美食の都 サン・セバスティアンの魅力**
- 98 コラム06 **スペイン・バスク料理 基本のソース**

- 102 インチャウルサルサ：クルミのアイスクリーム
- 103 リンゴのオーブン焼き
- 104 パンチネタ：バスク風カスタードパイ
- 106 ライスプディング
- 107 リンゴのパイ
- 108 コラム07 **食に感謝し楽しむ バスク地方の祭**
- 109 コラム08 **バスク流ナイトライフ 週末や夜のハシゴ酒！**
- 110 コラム09 **世界中から料理人の卵が集まるバスクの料理学校**
- 111 コラム10 **バスクの伝統的な農家・カセリオ**

バスク語、スペイン語（西語）、フランス語（仏語）のカタカナ表記は、日本での通名を優先とし、そのほかも、あくまで発音の目安としてご活用ください。地方や文献によってこちらで採用したものと異なる表記も多々あることをご了承ください。

Ipar Euskal Herrio errezetak
112 **フランス・バスクのレシピ**

114 **基本のソース/スープ・ストック（だし汁）：**
ジュー・ドゥ・ヴォライユ／フォン・ブラン／
フュメ・ドゥ・ポワソン／ピペラードソース

Ipar Euskal Herria Kostaldeko errezetak
116 **フランス・バスク　海バスクのレシピ**

118　タラのバスク風コロッケ
119　真イワシの酢漬け
120　タラのピルピル
122　タラとアンディーヴのグラタン
123　マグロのテリーヌ
124　アトランティックサーモンのパイ包み　オランデーズソース添え
126　ヒメジのポアレ　ココチャのソース添え
127　メルルーサとアサリのバスク風
128　チョロ：バスク風魚介スープ
130　温製生牡蠣とカリフラワーのグラタン
131　ヒイカの鉄板焼き
132　ヤリイカのアメリケーヌソース煮
133　イイダコのスミ煮
134　カニのグラタン
135　ピキージョのズワイガニ詰め
136　ガンバスのグリエ　ピキージョ仕立て
138　手長エビのラヴィオリ　キャヴィアソース添え
139　オマールエビとキノコのフリカッセ
140　**コラム11　地域別に見るバスクの食＆文化　フランス・バスク**

Ipar Euskal Herria Barrualdeko errezetak
142 **フランス・バスク　山バスクのレシピ**

144　ピペラード：南仏野菜と生ハムのグラタン　ポーチドエッグ添え
146　アランビッド風キノコオムレツ
147　バスク風トリップ
148　ガルビュール：生ハムと野菜のスープ
150　山栗のスープ
151　南瓜のスープ
152　アショア：バスク風仔牛のラグー
154　仔牛の胸腺肉バスク風
155　牛ステーキ　ベアルネーズソース
156　牛ホホ肉の赤ワイン煮
157　プーレ・バスケーズ：骨付きホロホロ鶏モモ肉のトマト煮込み
158　キントア豚のリエット

159	キントア豚の白ワインブレゼ
160	豚足のパン粉焼き
161	キントア豚のロースト
162	ブーダン・バスク：豚の血のソーセージ
163	仔羊肉のソーセージ
164	仔羊背肉のロースト ハチミツと黒コショウソース
166	バスク風仔羊肩肉のブランケット
168	仔羊モモ肉のロースト タイムソース
170	ウサギのバスク風煮込み
171	蝦夷鹿の赤ワイン煮
172	鴨の心臓のブロシェット エスペレット風
174	バスク風鴨モモ肉のコンフィ
175	フォワグラのポアレ ブドウソース
176	アランビッド風フォワグラのポッシェ
178	バスク風パテ
180	仔鳩のローストとセップ茸のラヴィオリ
182	コラム12 エル・カミーノ 食の巡礼 バスク編
188	ガトー・バスク
190	マミア：自家製バスクの羊乳ヨーグルト
191	ガトー・ブルビ
192	リュス・ドロロン
194	コラム13 フランスのバスク模様のうつわ
196	コラム14 ワインやリンゴ酒 バスク地方のお酒
200	アルコール図鑑
203	バスク食材取扱店
204	著者紹介：作元慎哉
205	著者紹介：和田直己
206	コラム15・16 シンプルで素朴 バスク地方のリネン／バスク地方の名産品
207	執筆者

[本書レシピの使い方]

- 2016年4月末日時点で日本に手に入る材料を使い、業務用の調理器具と環境で作られたプロフェッショナルなレシピです。現地で作られる際は、現地の食材をご活用ください。
- 分量表記では大さじ1（15㎖）、小さじ1（5㎖）のほか、厳密な計量が必要な場合はg、ℓを用い、優先するものの違いから様々な単位を採用しています。
- タマネギ1個300g、トマト1個160g、ニンニクは1片10gを目安としています。ニンニク1株は皮付きの丸ごとを指します。
- トマトコンカッセはトマトを湯むきして種を取り、みじん切りにしたものです。カットトマト（缶詰）でも代用できます。
- ピマン・デスペレット（粉末）はフランス・バスクのエスペレット村原産の赤唐辛子で主にパウダーを使用しています。
- ピメントンはスペイン産のパプリカパウダーです。甘いもの（Dulce）と辛いもの（Picante）があり、本書では指定がない場合は辛い方を使用しています。
- ギンディージャは青唐辛子の酢漬けで、市販の瓶詰を使用しています。ギンディリャスとも呼ばれます。
- ピキージョは赤パプリカをホールのままグリエして皮むき済みのものです。市販の瓶詰を使用しています。フランスではピキオ、ピキロとも呼ばれます。

バスクの基礎知識

地理

バスク地方（バスク語：エウスカル・エリア／Euskal Herria、西語：パイス・バスコ／País Vasco、仏語：ペイ・バスク／Pays Basque）は、大西洋に面したスペイン北東部とフランス南西部の国境周辺、ピレネー山脈の両麓に形成される地帯を指します。明確に定義された境界はないものの、現在ではスペインの2つの自治州（「パイス・バスコ」「ナバーラ」）に属する4地域「ギプスコア」「ビスカヤ（ビスカイア）」「アラバ」「ナバーラ（ナファロア）」、フランスの3つの地方区分「ラブール（ラプルディ）」「バス＝ナヴァール（ナファロア・ベエレア）」「スール（スベロア）」を、バスク7領域とするのが一般的です。フランス領は北バスク、スペイン領は南バスクと呼び分けることも。それぞれフランスとスペインに属しながら、両国の他の地方とは異なる独自の文化、言語、民族意識を共有し、今に引き継いでいます。

※本書では便宜上、スペイン領バスクをスペイン・バスク、フランス領バスクをフランス・バスクと表記しています。

気候

大西洋に近いフランス領の3地方、スペイン領のギプスコア、ビスカヤは典型的な西岸海洋性気候。年間を通して降水量が多く、日照時間が少ないことで知られます。そのぶん、湿潤な気候であり、年間の温度差も比較的穏やかなため、過ごしやすい地域といえるでしょう。一方、内陸部のアラバ、ナバーラは、冬は寒く、夏は暑さが厳しい大陸性気候。平均降雨量も湾岸部に比べてぐっと少なくなり、年間を通して乾燥が激しいのが特徴です。

民族

バスク地方の人々は、"バスク人"であることに民族の誇りを持っています。ただし、地理的な区分と同様に、バスク人についても明確な定義はなく、上記のバスク7地域の出身者や居住者、またはバスク地方出身の祖先をもつ人、バスク語を話す人々などを総称して"バスク人"と呼ぶことが多いようです。カエサルの『ガリア戦記』に記されている"アクイタニ人"を先祖とする説、クロマニョン人の直系の子孫であるとする説など、起源については諸説がありますが、正確に解明はされていません。

言語

バスク民族としてのアイデンティティの拠り所として大きな意味を持つのが、独自の言語であるバスク語です。バスク語ではバスク語のことをエウスカラ（euskara）といい、スペイン語ではバスコ（vasco）、フランス語ではバスク（basque）といいます。バスク地方の全人口およそ300万人のうち、バスク語の話者は推定80万人ほどです。構造的に他のどの言語とも親縁関係が認められない系統不明の言語です。狭い地域で話されているにもかかわらず方言が豊富で、方言間の差も大きいのですが、1960年代に共通バスク語の制定が始まり、共通バスク語は現在では書き言葉として、またメディアや教育の場で広く使われています。

産業

スペイン・バスクでは、ビルバオを中心に金融、鉄鋼・造船・製紙などの重工業が発展し、現在も経済・産業面でリーダーシップを発揮しています。沿岸部の漁業、山間部の農業および食品加工業のほか、観光業も主要産業のひとつ。近年はバスク料理＝ガストロノミーも、新しい知的産業として注目を集めています。フランス・バスクは、その地形のほとんどをピレネー山麓の丘陵地帯が占めるため、牧畜や農業が伝統的な主要産業です。沿岸部では、バイヨンヌを中心とする工業、水運業のほか、ビアリッツ、サン＝ジャン＝ド＝リュズなどのリゾート地が注目を集め、観光業も盛んです。

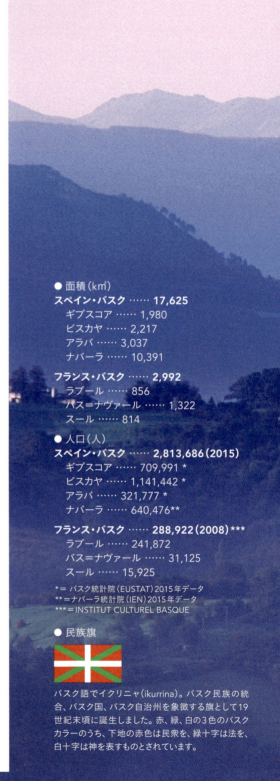

● 面積（km²）
スペイン・バスク …… 17,625
　ギプスコア …… 1,980
　ビスカヤ …… 2,217
　アラバ …… 3,037
　ナバーラ …… 10,391

フランス・バスク …… 2,992
　ラブール …… 856
　バス＝ナヴァール …… 1,322
　スール …… 814

● 人口（人）
スペイン・バスク …… 2,813,686（2015）
　ギプスコア …… 709,991 *
　ビスカヤ …… 1,141,442 *
　アラバ …… 321,777 *
　ナバーラ …… 640,476**

フランス・バスク …… 288,922（2008）**
　ラブール …… 241,872
　バス＝ナヴァール …… 31,125
　スール …… 15,925

*＝バスク統計院（EUSTAT）2015年データ
**＝ナバーラ統計院（IEN）2015年データ
***＝INSTITUT CULTUREL BASQUE

● 民族旗

バスク語でイクリニャ（ikurrina）。バスク民族の統合、バスク国、バスク自治州を象徴する旗として19世紀末頃に誕生しました。赤、緑、白の3色のバスクカラーのうち、下地の赤色は民衆を、緑十字は法を、白十字は神を表すものとされています。

Text : Horikoshi Noriko　Photo : San Sebastián / Sugawara Chiyoshi

歴史

● 中世〜近世

バスク人の起源には諸説がありますが、インド＝ヨーロッパ語族が侵入する以前の旧石器時代から、すでにピレネー山麓に定住していたと考えられています。その後、ローマ人や西ゴート族、イスラム勢力の侵入を受けながらも独自の言語と文化を守り、9世紀のパンプローナ王国（後のナバーラ王国）誕生で隆盛を誇りました。しかし、次第にナバーラ王国は衰退してフランスに統合され、現在のギプスコアとアラバを含むバスクはカスティーリャ王国に併合されることに。現在のフランス・バスクとスペイン・バスクに国境で二分されたのは、1659年のピレネー条約以降のことです。

● 近代

スペイン・バスクでは、19世紀にビスカヤで鉄鉱石が産出されるようになり、これを契機に工業化が急進展。バスク地方の経済・産業は飛躍的な発展の時を迎えます。同時に、大衆運動としてのバスク・ナショナリズムが台頭。バスク自治の気運が高まり、スペイン内戦中の1936年には初代バスク自治政府がゲルニカに誕生しました。しかし、フランコ政権は自治政府を認めず、ゲルニカはドイツ空軍の砲撃を受けて全壊。自治政府は短命に終わります。以降、フランコ政権下（1939年〜1975年）では、基本的に公の場でのバスク語の使用は禁止されます。

● 現代

一方、経済は第二次世界大戦後から空前の高度成長を遂げ、1970年代にはビスカヤ県がスペイン第1位の個人所得を誇るまでに。1979年にはギプスコア、ビスカヤ、アラバの3県によるバスク自治州が成立し、バスク語が公用語に。1982年にはナバーラ県単独の自治州も成立しました。社会的には、バスクの分離独立を掲げる非合法武装組織「バスク祖国と自由（ETA）」の武力闘争がスペイン国内で次第に激化。度重なるテロ活動で社会に暗い影を落とした時期もありました。2011年にETAが武装解除宣言をした後は紛争も収束し、かつての平和を取り戻しています。

ビスケー湾は、イベリア半島の北岸からフランス西岸に面する湾で、北大西洋の一部ですが、フランスではガスコーニュ湾、スペインではビスカヤ湾と、それぞれこの湾が面する地方にちなんだ名がついています。また、スペインではビスケー湾南部をカンタブリア海と呼んでいます。

バスクをより深く知るための8項目

海バスクVS山バスク

バスク地方の気候風土について語るとき、よく使われるのが"海バスク""山バスク"という表現です。海バスクは、フランスのラブールやスペインのギプスコア、ビスカヤのビスケー湾沿岸の一帯。伝統的に漁業や海運業を基盤産業に発展してきたエリアで、大西洋では捕鯨漁も盛んに行われました。ピレネー山麓の山岳地帯やアラバ、ナバーラなどの内陸部に代表される山バスクには、バスク語でバシェリア、スペイン語でカセリオなどの名で呼ばれる農家や、牧歌的な農村の風景が広がります。古くから牧畜が主要産業であり、肉加工品をはじめ、乳製品、野菜、豆や穀物、リンゴ酒、ワインなど、良質な山の幸の宝庫としても魅力の尽きないエリアです。

バスクのシンボル"ラウブル"

バスク地方の街や村に行くと、あちこちで十字型のマークを見かけます。卍の字を逆向きにして曲線化したようなこのアイコンは、ラウブル（Lauburu）と呼ばれるもの。4つのアームは火、大地、水、空を表すといわれ、バスクのシンボルとして親しまれてきた文化的文様です。ラウブルの「ラウ」は数字の4、「ブル」は頭の意味です。

力自慢の伝統的スポーツ

バスク地方、特に農村や山間部の山バスクでは、「エリ・キロラク（herri kirolak）」と呼ばれる伝統スポーツの種類が豊富。日本のメディアでもよく紹介される丸太割りや重石上げ、綱引き、草刈りなど、競技の多くは男性の力自慢を競うもの。古くは日々の労働を楽しみに転化するために生まれ、ゲームに発展したスポーツであることが、うかがえます。素手で行うスカッシュのような球技ペロタ（pilota）、バスケットを手につけて球を打ち合うセスタ・プンタ（zesta-punta）、沿岸部では漁業を起源とするボートレース、エストロパダク（estropadak）も。いずれも祭りや余暇に欠かせないスポーツとして、今に伝承されています。また、スペイン・バスクではサッカーも盛んで、サッカークラブ「アスレティック・ビルバオ」は地元出身者のみで選手を構成しています。

謎の言語・バスク語

バスク語の起源は謎に包まれています。その歴史は古く、ヨーロッパにインド＝ヨーロッパ語族の言語が持ち込まれる前からピレネーの両側で話されていた、と考えられていますが、正確なことはわかっていません。はっきりしているのは、ロマンス語、ゲルマン語、スラブ語などのインド＝ヨーロッパ語族の言語とは明らかに異なるものであるということ。北アフリカのベルベル語や、コーカサス諸語などとの親縁関係が取り沙汰されてきましたが、その起源は今もって不明というほかありません。インド＝ヨーロッパ語とはあまりに異なるその構造ゆえに、その話者たちにはバスク語は難解に見えるらしく、「悪魔に対して、刑罰としてバスク語の学習を科した」などという笑い話も残っています。

1 ラウブルが刻印されたナプキンリング。特にフランス・バスクのバイヨンヌなどではラウブルがついたお土産がたくさん売られている。2 お祭りの間に重石上げなどスポーツ大会が催される。3 壁に向かってボールを打つコート・スポーツ、ペロタ。

Photo : Valle de Roncal / Sugawara Chiyoshi

四季折々を彩る祭りの風景

バスクには、宗教的な祭事から民間伝承の行事まで、四季を通じて楽しめるお祭りが多くあります。春の到来は、華やかなカーニバル、イニャウテリアク（Inauteriak）と聖週間アステ・シャントゥア（Aste Santua）から。夏は各地で伝統の夏祭りが行われるほか、ジャズやクラシックなどの多彩な音楽フェスティバルもあり、秋は有名なサン・セバスティアンの国際映画祭FESTINCIも開催。山バスクの村々では名物の豆や野菜、チーズ、ワインなどの収穫祭も始まります。冬はクリスマスが終わると、サン・セバスティアンの太鼓祭りダンボラダ（danborrada）（P108参照）の季節です。

個性豊かなバスクの民族楽器たち

バスク地方に伝わる民俗楽器といえば、真っ先に挙がるのがチャラパルタ（txalaparta）。台の上に載せた数枚の木製の板を、2人の奏者が木の棒でたたくシンプルな打楽器です。哀愁を帯びた音色のトゥリキティシャ（trikitixa）は、バスク特有の全音階アコーディオン。近年ではビルバオ出身のミュージシャン、ケパ・フンケラ（Kepa Junkera）の演奏で脚光を浴びる存在に。チストゥア（txistua）は、高い音色を奏でる縦笛型の吹奏楽器です。3つの穴を片手で操って演奏しながら、もう一方の手でダンボリニャ（danbolina）＝太鼓をたたくのが定番のスタイル。素朴でひなびたメロディとリズムは、民族の誇りと結束を象徴する響きでもあります。

バスク系移民"ディアスポラ"の物語

海洋技術に秀でていたバスク人は、中世の頃からタラ漁や捕鯨の遠洋業業に繰り出し、大航海時代以来多くの移民を世界に送り出してきました。移住先は南北アメリカをはじめ、アジア、オセアニアの国々まで広範囲に及びます。こうして離れた国々で暮らし、バスク人の先祖をもつ人々のことを総称して「ディアスポラ（Diáspora）」と呼びます。中南米特にアルゼンチンには多くのバスク人が入植。現在も全人口の10％前後を、ディアスポラが占めるといわれます。"エビータ"の愛称で知られるフアン・ペロン大統領夫人のエバ・ペロン、キューバ革命の英雄、チェ・ゲバラもバスク系アルゼンチン人です。

モンドラゴン協同組合企業の功績

バスク人の結束、相互扶助の理念を産業活動で発揮し、成功させた好例として知られるのが「モンドラゴン協同組合企業」の取り組みです。提唱者は、ビスカヤ出身の聖職者、ホセ・マリア・アリスメンディアリエタ神父。ギプスコア県の小さな町、モンドラゴンに赴任したのを機に、労働者の自立による町の再興を促すために、職業訓練学校の創設や協同組合の運営を進めました。協同組合の事業体は製造業から金融、社会福祉、教育機関まで広範にわたり、50年間で新たな雇用の創出や事業開発に寄与するグループ企業に成長。近年には海外にも拠点を広げ、ますます注目されています。

1 2016年で開催64回を数えるサン・セバスティアンの国際映画祭には国内外から俳優や監督が訪れる。2 伝統的な楽器を使って演奏しながら行進する人々。3 ベレー帽は、バスク地方の民族衣装が起源といわれていて、お祭りの時のほか、日常生活で愛用する人も多い。

バスク料理の基礎知識

中世までのバスク地方の暮らし

　バスク地方に人類が居住し始めた頃、温暖な時代は河川に近い段丘面に住み、寒冷な時代は洞窟に住んでいたようです。紀元前3,500～2,000年頃には平野にも住居を建て、狩猟に加えて果実の収穫や野生動物の家畜化などを開始。紀元前600年以降にはケルト人と推定される民族が優れた農耕法や作物、牛馬の飼育などの技術をもたらしました。定住的になり、川べりの丘を中心に永住地跡が発見されています。紀元前3世紀にはカルタゴ人がピレネー山脈の麓に達し、この頃から女性は農業を、男性は狩猟を担当。その後今のバスク地方南部ではオリーブや小麦やブドウなどローマ的な農作物が生産されていました。

　中世には捕鯨がバスク地方の一大産業で、1560年代が全盛期でした。遠洋漁の航海中の保存食として活躍した塩干のタラはヨーロッパ各国に輸出される国際交易品で、現在も郷土料理の主要食材となっています。

近世以降のバスク地方の食

　バスク人は15世紀後半、スペインの植民活動で活躍し、マゼランの後を継いで世界一周したエルカーノや日本に布教活動をしたザビエルもバスク人でした。今のメキシコから家畜飼料としてトウモロコシが導入されると、小屋内での飼育が可能になり、牛と羊を中心に家畜数が急増。トウモロコシ産業は特に北バスクでさかんになり、農業の著しい改良にもつながりました。17世紀末頃には、ピレネー北麓などでシードラ用のリンゴ、南バスク全域でチャコリ用のブドウも栽培されるようになりました。

　現在のバスクの料理の基本を知るためには、16世紀頃から登場した、バスク語でバシェリア、スペイン語でカセリオと呼ばれる山岳部の農場（P111参照）の存在が重要です。バスク地方は基本的に小農場制で、このカセリオが1単位。小さな土地に三角屋根の3階建ての家屋を建て、1階を家畜小屋、2階は住居、3階を穀物倉庫として使用していました。

　19世紀末頃までの主産物は、栗、トウモロコシ、豆類。野菜はあまり栽培せず、飲料は牛乳とリンゴ酒が主でした。牛や豚、鶏などの家禽は一緒に暮らすことで、家族のように大切に扱われていたそうです。

　港からは、春にはイワシ、夏はマグロ、秋はメルルーサやイカ、冬にはタイなどの漁獲が豊富。バスク地方最大の港湾は、ビルバオ港で、次いでパサイア港とバイヨンヌ港となります。

近代以降のスペイン・バスクの郷土料理

　味付けはニンニク、オリーブオイル、塩が中心。コショウな

1 ピレネー山中にある典型的なカセリオ (caserío)。
2 伝統衣装に身を包み栗の木製カゴを持ったバスクの子ども達。
3 奥にあるのがセボジェータ。手前にはアルビア豆など。

どの調味料はあまり使わず、食材本来の旨味を活かすのも特徴です。大航海時代に新大陸から伝わったトマトやピーマン類と、ネギ類などの野菜を使い、土鍋（カスエラ・デ・バロ/cazuela de barro）でソースを作り、それで魚や肉を調理するのが基本です。山岳部ではクルミも多く使われ、インチャウルサルサ（intxaursaltsa）と呼ばれるクルミソースはデザートのほか、煮込み料理にも使われていたそうです。

現代で確立した基本ソースは主に4つ（P98参照）。ピーマン類を使った赤いビスカヤソース、魚のだし汁をパセリで色鮮やかな緑色にした、グリーンソースは、繊細なので白身魚に合い「メルルーサ・エン・サルサ・ベルデ」は18世紀にできた料理といわれています。また、ピルピルソースは、タラの皮からでるゼラチンをオリーブオイルで乳化させたもの。イカスミソースは、玉ネギの甘みとトマトも加えた、バスクを代表するソースの一つです。

海バスク：沿岸・魚介料理

大量の塩をふり、乾燥させたタラ、バカラオ（bacalao）は欠かせない最も基本の食材です。イワシの塩漬け、サルディーナ・ビエハ（sardina vieja）と共にバスクでの貴重な保存食のひとつでした。煮込みのほか、サラダの具材、すり身にして赤ピーマンの水煮、ピキージョ（P15参照）に詰めて、あるいはスープの具材として、様々な場面で大活躍の食材で、ビスカヤ地方のバカラオ料理だけでも100種類以上のレシピがあるといわれています。

タラにつぐ中心食材はメルルーサ、アンチョア（anchoa/カタクチイワシ）、ボニート（bonito/ビンナガマグロ）など。ボニートとジャガイモを煮込んだ「マルミタコ」（P42参照）は漁師が船で日持ちする材料を使って作ったものです。ベスーゴ（besugo）と呼ばれるタイはビスケー湾で多く漁獲されましたが、最近は少ししか獲れず、高価なため特別なご馳走料理として使われるとか。

目玉が大きいイカ、ベギ・アウンディ（begi haundi）、小ヤリイカの一種チピロン（txipirón）、アサリ、ムール貝などの貝、ブエイ・デ・マール（buey de mar）、カングレホ（cangrejo）などの甲殻類、ランゴスティーノ（langostino）、シガーラ（cigala）などのエビ類もよく使われます。

山バスク：内陸部の料理

特に重要な食材のひとつがアルビア豆。トロサ産は黒に近い濃い紫色で楕円形、ゲルニカ産は小豆色に白い斑点がついていて、煮込み料理に欠かせません。チョリソーやモルシージャ、またバスク独特の羊腸詰めのチストラ（P83参照）と煮込んだ料理は「バスクの母の味」といえそうです。肉料理は、牛、鶏、豚のほか、羊や鹿、ウサギなども食されます。肉の煮込み「スカルキ（sukalki）」も有名です。

炭火焼き料理

ハンドル式の大型の台を上下させ、骨付きの牛肉、チュレタ（txuleta）、大きな舌ビラメやカレイのロダバージョ

4 昔ながらのクルミを割る器具。
5 レストランの厨房にはたくさんのソースが常備されている。
6 イカスミソース料理をリオハ・アラベサのバスクワインと一緒に。
7 パプリカパウダーなどをきかせたバスク独特の腸詰め、チストラ。
8 山のように積まれて売られているバカラオ。
9 バカラオのピルピルソース。
10 ゲタリアの名物、大ヒラメの熾（おき）火焼き。専用の器具に挟んで焼く。

バスク料理の基礎知識

（rodaballo）などの地魚を丸ごと炭火で焼きます。肉は、遠火を使って時間をかけて焼き、見た目はレアでも外はカリっと仕上がり、芯まで温かく焼き上がるのが特徴です。魚は一度焼いてから開き、熱々のところへ酢とニンニクオイルをかけ、出た魚汁と共にフライパンへ戻し、乳化させてから提供するのが定番です。

炭火焼きで有名なゲタリアは、ビスケー湾の幸が水揚げされる歴史ある漁港です。漁師達がその日に揚がった自慢の1匹を懇意のバルに持ち込んで焼いてもらったのが炭火焼き店の始まりだといわれています。

フランス・バスク料理

山と海の幸の両方に恵まれた、豊かな食材は、スペイン・バスクとそれほど変わりがありません。バカラオやメルルーサなどの魚介類、肉は牛や鶏を中心に、羊、鹿などのジビエ、ウサギや鴨もよく登場します。ブランド豚のキントアやバイヨンヌの生ハムも有名です。

調理法は、高度に発達したソースを中心に、フランス料理の調理法をベースにしていますが、スペイン料理の調理法の影響も多々見られます。

また、特徴的なのはエスペレット村で採れる唐辛子（P15参照）をコショウの代わりに多用すること。代表的な料理は「アショア（P152参照）」という牛肉か羊肉のひき肉に、細かく刻んだ玉ネギや緑のピーマンなどを混ぜて煮込んだ料理。また、パプリカや玉ネギ、トマトをソースにした「ピペラード（P144参照）」や、鶏肉を煮込んだ「プーレ・バスケーズ（P157参照）」が定番の家庭料理です。「ガトー・バスク（P188参照）」に代表されるように、バイヨンヌのチョコレート産業など製菓産業も盛んです。

新バスク料理の登場

フランスで興ったヌーベル・キュイジーヌに触発され、スペイン・バスクでは、サン・セバスティアンの有志によって、フランコ体制が終了した1976年から「新バスク料理運動」（ヌエバ・コシナ・バスカ/nueva cocina vasca）が始まりました。まずは、おろそかになっていたバスク郷土料理のレシピの確立から着手。ここで、今日に至るまでのバスク料理の基本をとらえることに成功しました。

盛り付けやそれを盛る皿までも見直し、それまでの郷土料理とは一線を画す見た目へと変化を遂げます。フランス料理のテクニックや流行なども取り入れ、レストランの料理として華やかさも備えるようになりました。ただ、見た目は違っても、食べてみるといつもの素材が使われているので、味わいですぐにバスク料理だとわかります。彼らの経営するレストランは、続々とミシュランガイドにも認められ、さらに発展。この新バスク料理運動の創始者たちは盛んにテレビなどのメ

11 バスク発祥の串刺しおつまみ、ピンチョス。こちらは定番の「ヒルダ」。
12 真空パックに入れて調理する方法も定番化している。

ディアに登場し、新しいレシピや料理を発表。食というものがお茶の間の話題になる時代を牽引しました。マスコミの力も多いに活用しながら、レシピを公開し、互いに切磋琢磨しあうのも興味深い特徴です。この時代に作られたスタイルは見た目も美しくてわかりやすく、かつ美味しい料理で、今でも人々に愛され続けています（P94参照）。

現代バスク料理

21世紀には、スペイン・カタルーニャの『エル・ブジ（El Bulli）』が料理界に革命をおこしました。バスクもご多分に漏れず、その影響を受け、フェラン・アドリア（Ferrán Adrià）に師事した若いシェフがバスク料理に新風を吹き込みました。

時代の変化と共にミシュランの星付きレストランの料理をはじめ、一般的なバスク料理もさらに発展していきます。変化を厭わず、ベースであるバスク料理に、分子料理や新技法などを取り入れ、再構築するという表現方法を用いています。しかし、世界規模で食文化の情報が交換されるなか、どんな調味料や食材を加えてもその基本であるバスク料理というものは失われていません。

バスク料理の代表的な食材・ピーマン類

スペインでもフランスでもバスク料理に欠かせない調味料と食材。日本では缶詰、瓶詰などで手に入りますが、別のものでは代用しにくい5つの唐辛子類をご紹介します。ピーマン、パプリカも唐辛子の仲間で、すべてメキシコからヨーロッパに渡り、それぞれ品種改良されたものです。レシピの材料でもこちらの名称でそれぞれ登場しています。

ピメントン
Pimentón

スペイン産のパプリカパウダーです。主に甘いもの(Dulce)と辛いもの(Picante)があり、本書では指定がない場合は甘い方を使用しています。スペイン・バスク料理に登場します。

ギンディージャ
Guindillas

イバラ産が有名な青唐辛子の酢漬けで、市販の瓶詰を使用しています。ギンディリャスとも呼ばれます。ほのかな苦味が特徴の甘唐辛子の酢漬けで、フランス・バスクのレシピにもスペイン・バスクのレシピにもよく登場します。

ピキージョ
Piquillo

ナバーラ州のロドサが産地として有名な赤パプリカ(ピーマン)をホールのままグリエして種を取り、皮むき済みのものです。市販の瓶詰を使用しています。ピキーリョ、またフランスではピキオ、ピキロとも呼ばれますが、本書ではピキージョで統一しています。

ピマン・デスペレット
Piment d'Espelette

フランス・バスクのエスペレット村原産の赤唐辛子で本書では主にパウダーにしたものを使用しています。壁に吊るして乾燥させ、フランス・バスク料理にかかせない食材でジュレやペースト状のものもあります。さわやかな辛味とフルーティな香りが特徴。エスプレットとも呼ばれます。本書レシピではピマン・デスペレット(粉末)と表記しています。

チョリセロ
Choricero

赤パプリカ(ピーマン)の一種で、通常は乾燥した状態から湯でもどし、その果肉をソースや煮込み料理に利用します。日本では、すでに使いやすくペーストにしてあるものが手に入りやすいです。

Hego Euskal Herrio
errezetak
・・・
スペイン・バスクの
レシピ

スペイン領のバスク地方に伝わる料理を
広く愛される一般的な家庭料理から、
季節料理や各地で継承される伝統料理まで。
作元慎哉シェフのオリジナルアレンジも加えて
日本でも再現可能なレシピを厳選してご紹介します。

Photo : San Sebastian / Sugawara Chiyoshi

基本のソース／スープ・ストック（だし汁）

A Salsa de tomate
サルサ・デ・トマテ

トマトソース

材料（約3ℓ分）

ホールトマト（缶詰）…… 2.5kg
玉ネギ …… 6個
ローリエ …… 1枚
オリーブオイル …… 適量
砂糖 …… 15g
塩 …… 15g

作り方

1 玉ネギをみじん切りにし、フライパンにオリーブオイルを熱して飴色になるまで炒める。
2 ホールトマトをムーラン（こし器）でこして、1に加える。
3 ローリエ、砂糖、塩を加え、弱火で約1時間煮込む。

B Salsa de piquillo
サルサ・デ・ピキージョ

ピキージョソース

材料（約500㎖分）

ピキージョ …… 1缶（390㎖）
生クリーム …… 70㎖
バター …… 30g
ブイヨン …… 70㎖

作り方

1 ピキージョはさいの目切りにし、生クリーム、バター、ブイヨンと鍋に入れて沸かし、弱火で約30分煮込んだ後ミキサーにかけてこす。

C Fumé
フメ

魚介のスープ・ストック

材料（約15ℓ分）

魚の骨 …… 1.5kg
玉ネギ …… 1.5個
人参 …… 1個
セロリ …… 1本
トマト …… 1個
水 …… 13ℓ
ニンニク …… 1.5株
ローリエ …… 1枚
パセリの軸 …… 適量
オリーブオイル …… 適量

作り方

1 魚の骨は血合いを取り、ハサミで4、5等分に切り分けて30分から1時間水にさらす。
2 寸胴鍋にニンニクをつぶして入れ、オリーブオイルで炒めて香りを出す。
3 ニンニクの香りが出たらスライスした玉ネギ、人参、セロリを入れ、軽く炒める。
4 2に水を加え、半分に切ったトマトとローリエ、3の魚の骨とパセリの軸を加え、弱火で約2時間半煮込む。

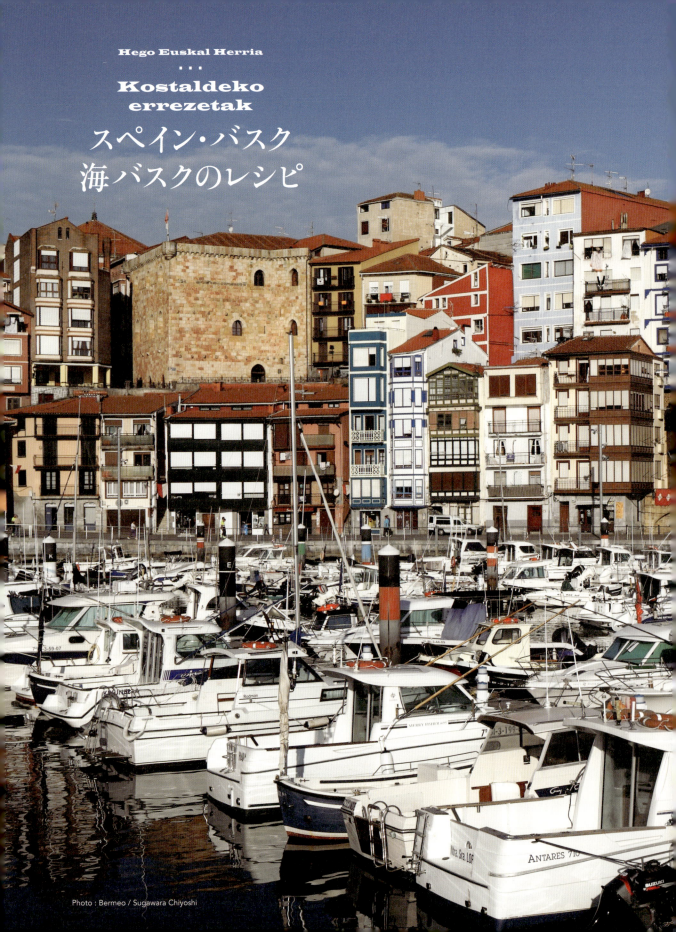

Hego Euskal Herria
Kostaldeko errezetak
スペイン・バスク
海バスクのレシピ

Photo : Bermeo / Sugawara Chiyoshi

Gilda
ヒルダ

ヒルダのピンチョス

映画の女主人公の名をつけ、女性の曲線美を表している、
バスクを代表する元祖ピンチョ（pintxo）。
ギンディージャ（青唐辛子の酢漬け）など、材料はどれもスペインの名産物。

材料（1本分）
グリーンオリーブ …… 2個
アンチョビ（カンタブリア産）…… 1枚
ギンディージャ（瓶詰）…… 1本

作り方
1 グリーンオリーブ、ギンディージャ、アンチョビ、ギンディージャ、グリーンオリーブの順に楊枝に刺す。

シェフのひとこと

とてもシンプルなピンチョスなので、良い素材を使うことが大事です。映画では、往年の有名女優リタ・ヘイワースが扮する女主人公が、「salada（機知に富み）」「verde（エッチで）」「picante（刺激的な）」悪女でしたが、これらが、スペイン語本来の意味の「塩味の」「緑色の」「辛い」素材3点の特徴と符合するという意味もあるそうです。

Anchoas al limón
アンチョス・アル・リモン

イワシのレモンマリネ

定番の前菜を砕いた氷にのせて出すさっぱりした一品。
カタクチイワシはバスクの海岸線ではどこでも獲れ、漁は3月19日に解禁となる。

シェフのひとこと
氷にのせることでイワシの身が締まります。

材料(4人分) ※写真は1人分
- カタクチイワシ …… 1kg
- 塩 …… 75g
- レモン …… 3個
- ニンニク …… 1株
- オリーブオイル …… 400mℓ
- パセリ …… 適量

作り方
1 イワシはウロコを取って頭と内臓を取り除いて洗い、開いてフィレにし、塩とレモンを絞ってふりかけ、30分ほどマリネする。
2 1を水で洗い流してフィレの水気をきる。
3 イワシを並べ、それぞれみじん切りにしたニンニクとパセリを加えてオリーブオイルをかけ、マリネする。
4 砕いた氷（分量外）にイワシを上にのせて盛り付け、オリーブオイル（分量外）をまわしかける。

Pastel de cabracho
パステル・デ・カブラッチョ

カサゴのケーキ

カサゴを使って作る"ケーキ"で、スペイン・バスクでは定番の前菜。
『アルサック』のシェフ、フアン・マリが考案したとも。

材料 テリーヌ1本分（10人分）
※写真は1人分

- カサゴ身 …… 600g
- 長ネギ …… 1本
- 玉ネギ …… 1個
- 人参 …… 1本
- セロリ …… 1本
- 卵 …… 8個
- 生クリーム …… 250㎖
- トマトソース（P19参照）…… 100㎖
- パン粉 …… 50g
- 塩コショウ …… 適量
- バター …… 適量
- マヨネーズ、ケチャップ …… 適量
- サラダ、オリーブオイル …… 適宜
- ピメントン …… 適宜

作り方

1 鍋にスライスした長ネギ、玉ネギ、人参、セロリを入れてたっぷりの水（分量外）を加えて茹でたら、カサゴも加えて火を入れる。
2 カサゴを引き上げてほぐし、骨と皮を取る。
3 卵を溶き、生クリームとトマトソース、パン粉を加えて混ぜ、2のカサゴをほぐしたものを合わせてミキサーにかける。
4 塩コショウをし、よく混ぜる。テリーヌ型にバターを塗って生地を流し、湯煎にかけて、160℃に熱したオーブンで40分〜1時間焼く。
5 冷ましてから切り分け、マヨネーズとケチャップを合わせたソースと盛り付け、サラダを添えてオリーブオイルをかけ、最後にピメントンをふる。

Ensalada de sardina marinada
エンサラーダ・デ・サルディーナ・マリナーダ

イワシのマリネサラダ

真空袋に入れる調理法は、スペイン・バスクのレストランでは
よく使われる手法で、保存と時間短縮に有効。

材料(4人分) ※写真は1人分

- イワシ …… 8尾
- 粗塩 …… 150g
- 砂糖 …… 75g
- 黒コショウ(粉末) …… 5g
- 赤ワインヴィネガー …… 60㎖
- 季節の葉野菜 …… 適宜
- パセリオイル …… 適量

作り方

1. イワシは内臓を取り除き、ウロコを取って洗い、3枚におろし、合わせ塩(粗塩、砂糖、黒コショウ)で20分ほどマリネする。
2. 真空袋に赤ワインヴィネガーを入れ、1のイワシを入れて空気を抜き、冷蔵庫で半日マリネする。
3. イワシを季節の葉野菜のサラダと合わせて盛り付ける。赤ワインヴィネガー(分量外)とパセリオイルをかける。

シェフのひとこと

パセリオイルは、オリーブオイル100㎖にパセリのみじん切り50gを混ぜ、ミキサーに2~3分かけています。

Anchoas rebozadas
アンチョアス・レボサーダス

カタクチイワシの衣揚げ

赤パプリカを茹でて皮むきしたピキージョを、
三角に切って盛りつけるのはバスク地方の定番アレンジ。

材料(4人分)※写真は1人分

カタクチイワシ …… 16尾
薄力粉、塩 …… 適量
卵 …… 1個
ピキージョ …… 4枚
レモン …… 2個
ヒマワリオイル …… 適量
イタリアンパセリ …… 適量

作り方

1 イワシはウロコを取って頭と内臓を取り除いて洗い、開き、塩をする。

2 ピキージョをフライパンで焼き、4分の1に切る。

3 1のイワシに薄力粉をまぶして溶き卵をくぐらせ、180℃に熱したヒマワリオイルで揚げて塩をする。

4 3のイワシに2のピキージョをのせて盛り付け、半分にして飾り切りしたレモンとイタリアンパセリを添える。

Kokotxas al rebosado
ココチャス・アル・レボサード

ココチャの衣揚げ

ココチャ（西語:cocochas）はタラ（バスクではタラやメルルーサ）1匹から
ごくわずかしか取れない下アゴ肉の高級品。揚げてタパスのようにアレンジした料理。

シェフのひとこと
バスク地方ではまとめて売っていますが、日本ではタラの頭から1個ずつ集めています。

材料（1人分）

ココチャ（タラのアゴ肉）…… 5個
卵、薄力粉、塩 …… 適量
ヒマワリオイル …… 適量
パセリ、レモン …… 適宜

作り方

1 ココチャに塩をし、薄力粉と溶き卵をくぐらせ、180℃に熱したヒマワリオイルで揚げる。
2 盛り付け、みじん切りにしたパセリをふりかけ、くし形に切ったレモンを添える。

エンサラーダ・デ・バカラオ

Ensalada de bacalao

エンサラーダ・デ・バカラオ

バカラオのサラダ

バカラオとパプリカなどを使ったサラダ。
丸いセルクル型に中身を詰めて抜き、形づけるのが美しい。

材料(4人分)※写真は1人分

甘塩ダラ …… 400g
赤、黄パプリカ …… 各1個
玉ネギ …… 少々
人参 …… 少々
緑ピーマン …… 少々
ピキージョ …… 少々
シードルヴィネガー …… 少々
オリーブオイル、塩 …… 適量
葉野菜のサラダ …… 適宜

作り方

1 鍋に水(分量外)を入れて沸騰させ、タラを入れる。入れたらすぐに火を切り、5分そのままにする。
2 タラを引き上げてお湯をきり、オリーブオイルを少しふりかける。
3 赤、黄パプリカに塩とオリーブオイルをふりかけて、アルミホイルで巻き、200℃に熱したオーブンで20〜30分焼き、取り出して皮と種を取り、短冊切りにし、塩とオリーブオイルで和える。
4 玉ネギ、皮をむいた人参、緑ピーマン、ピキージョを細かくみじん切りにしておく。
5 シードルヴィネガーにオリーブオイルを加え、塩で味を調えて、4の野菜を加える。
6 セルクル型に5のパプリカと2のタラ、葉野菜のサラダを詰めて円筒形に形づけ、皿に盛りつける。5を周囲に散らす。

シェフのひとこと

本来はバカラオを使い、2日間かけて塩抜きをしますが、本書では代わりに甘塩ダラを使っています。

Tortilla de bacalao
トルティージャ・デ・バカラオ

バカラオとピーマンのバスク風オムレツ

バカラオ入りの、野菜がカラフルなオムレツ。パプリカはオーブンで
ゆっくり焼いてやわらかくし、中はトロトロでジューシーなオムレツに仕上げる。

シェフのひとこと

フライパンの上にお皿をのせ、ひっくり返してから戻すと上手く両面を焼けます。本来は丸型ではなくオムレツ型に整えます。

材料(2人分)
- 甘塩ダラ …… 100g
- 緑ピーマン …… 1個
- 赤、黄パプリカ …… 各1/4個
- 卵 …… 2個
- 塩、オリーブオイル …… 適量

作り方
1. 緑ピーマンとタラをフライパンで焼く。
2. 赤、黄パプリカに塩とオリーブオイルをまぶしてアルミホイルで包み、200℃に熱したオーブンで20〜30分焼き、皮と種を取り除いておく。
3. ボウルに卵を割り入れ、ひと口大に切った1と2を入れて混ぜる。
4. 鉄のフライパンにオリーブオイルをひいて熱し、3をそそいでジューシーに焼き上げる。

Tortilla de anchoas frescas
トルティージャ・デ・アンチョアス・フレスカス

カタクチイワシのオムレツ

新鮮なカタクチイワシを混ぜ込んだ
ふわふわのバスク風オムレツ。

材料(2人分)

カタクチイワシ …… 200g
ニンニク …… 2片
玉ネギ …… 1/2個
緑ピーマン …… 1個
卵 …… 2個
パセリ(みじん切り) …… 5g
塩、オリーブオイル …… 適量

作り方

1 イワシはウロコを取って頭と内臓を取り除いてしっかり洗う。開いて骨を取り2枚にし、水分をふき取り、塩をする。
2 フライパンにオリーブオイルをひいて熱し、みじん切りにしたニンニク、玉ネギ、緑ピーマンを炒め、取り出す。
3 同じフライパンを温めなおして、オリーブオイルをひき、1のイワシを加えて強火でさっと炒めて取り出す。
4 ボウルに卵を割り入れて、2の野菜と3のイワシ、パセリを加えて混ぜ、塩で味を調える。
5 鉄のフライパンにオリーブオイルをひいて熱し、4をそそいでジューシーに焼き上げる。

ピミエントス・レジェーノス・デ・バカラオ・コン・サルサ・ピペラーダ

▶ フランス・バスクの類似レシピは **P135 参照**

Pimientos rellenos de bacalao con salsa piperrada

ピミエントス・レジェーノス・デ・バカラオ・コン・サルサ・ピペラーダ

ピキージョのバカラオ詰め ピペラーダソースがけ

ラタトゥイユをクリーミーにしたようなソース「ピペラーダソース」をかけた
バスクの代表的な料理。代わりにピキージョソース（P19参照）を使うものも定番。

材料（2人分）

塩ダラ … 300g	オリーブオイル、	<ピペラーダソース>
生ハム … 50g	ヒマワリオイル、	玉ネギ … 500g
玉ネギ … 1個	薄力粉、塩 … 適量	チョリセロ（ペースト）… 30g
ニンニク … 2片	ピペラーダソース … 適量	ニンニク … 2片
赤パプリカ … 1個	パセリ … 適量	トマト … 400g
卵 … 2個		パプリカ … 2個　白ワイン … 100㎖
ピキージョ … 8個		オリーブオイル、塩 …… 適量

作り方

1 フライパンを熱してオリーブオイルをひき、タラを入れて火を通し、水気を出してからほぐし、ほぐれたら引き上げる。

2 別のフライパンに少しオリーブオイルをひき、生ハムの角切りと玉ネギのみじん切りを加え、ごく弱火でゆっくり炒める。色づきはじめたらニンニクを加える。

3 パプリカに塩とオリーブオイルをふりかけて、アルミホイルで巻き、200℃に熱したオーブンで20～30分焼き、取り出して皮と種を取り、細かい角切りに切る。

4 1のほぐしたタラと2と3のパプリカを合わせ、塩少々で味を調える。

5 4が冷えたら卵を1個溶いたものを加えて混ぜ込む。

6 5をピキージョに詰め、薄力粉をまぶし、溶き卵に通し、180℃に熱したヒマワリオイルで揚げる。

7 カスエラ（耐熱陶器皿）に6を並べ、ピペラーダソースを全体を覆うくらいの量をかけ、180℃に熱したオーブンで10分ほど煮込む。

8 パセリのみじん切りをふる。

<ピペラーダソース>

1 鍋にオリーブオイルをひき、スライスした玉ネギをゆっくり炒める。チョリセロペースト、スライスしたニンニクも加え、ごく弱火で炒める。

2 白ワインを少しずつ加える。

3 パプリカに塩とオリーブオイルをふりかけて、アルミホイルで巻き、200℃に熱したオーブンで20～30分焼き、取り出して皮と種を取って粗みじん切りしたもの、粗みじんに切ったトマトも加え、さらに弱火で約20分煮込む。

4 3をミキサーにかけ、こす。

シェフのひとこと

ピペラーダはバスク語で唐辛子を意味するbiperraが語源。チョリセロと呼ばれる乾燥赤唐辛子を使い、広義で唐辛子の仲間であるパプリカも使用しています。

バカラオ・アル・ピルピル

▶ フランス・バスクの類似レシピは **P120** 参照

Bacalao al pil-pil

バカラオ・アル・ピルピル

バカラオのピルピルソース

タラを煮ている時に「ピルピル」と音がすることから名付けられた
バスク地方を代表する料理。

材料（4人分）※写真は1人分

甘塩ダラ（フィレ）…… 150g×4
鷹の爪 …… 1本
ニンニク …… 3片
オリーブオイル、ヒマワリオイル、塩 …… 適量
イタリアンパセリ …… 適宜

作り方

1 鷹の爪とスライスしたニンニクを土鍋に入れ、オリーブオイルをひたひたになるくらい注いでから熱し、香りを出したら、鷹の爪、ニンニクを取り出す。

2 タラを皮面から入れ、ごく弱火でゆっくり火を入れ、皮面に豊富に含まれるゼラチン質を抽出させる。

3 油の温度が上がりすぎないように、ゆっくりゆっくり土鍋をゆすりながらタラから出る汁と乳化させていく。

4 タラに火が入り、完全にソースが乳化されたら火を止め味をみて、足りなければ塩を足して調える。

5 1のニンニクスライスとイタリアンパセリをのせて盛り付ける。

シェフのひとこと

オリーブオイルはエクストラバージンだけだと、えぐみが強いのでヒマワリオイル（もしくはピュアオリーブオイル）を1：4の割合でブレンドすると良いです。ピルピルソースは時々火から外したりしながら温度調整をし、低温を保つのがコツです。

Bacalao a la Vizcaína
バカラオ・ア・ラ・ビスカイーナ

バカラオのビスカヤ風

バスクの赤ピーマン、チョリセロを使った赤いソース「ビスカヤソース」に伝統食材のバカラオを合わせた定番料理。

材料(4人分) ※写真は1人分

甘塩ダラ(フィレ) …… 150g×4
オリーブオイル …… 適量
パセリ(みじん切り)、ピメントン、塩 …… 適量

<ビスカヤソース>

赤玉ネギ …… 3個
玉ネギ …… 2個
長ネギ …… 1本
トマト …… 1/2個
リンゴ …… 2個
ガーリックオイル …… 250㎖
チョリセロ(乾燥) …… 18個
パン(トーストしたもの) …… 75g
コニャック …… 150㎖
白ワイン …… 200㎖
魚介のスープ・ストック(P19参照) …… 1ℓ

作り方

1 タラを、60℃に熱したオリーブオイルでコンフィにして火を通し、引き上げる。
2 ビスカヤソースとタラを盛り付け、仕上げにパセリのみじん切りとピメントン、塩をふる。

<ビスカヤソース>

1 野菜(リンゴを含む)は小さくさいの目に切る。
2 鍋にガーリックオイルを温め、1の野菜(リンゴ以外)をごく弱火で炒める。
3 チョリセロをぬるま湯で戻し、中の果肉をこそげ取っておく。2にパンを焼いたものとリンゴも加え、2時間ほど、ごく弱火で煮る。
4 コニャック、白ワインも加え、さらに1時間ほど煮込む。
5 チョリセロの果肉を加え、さらに約1時間煮込む。
6 少しずつ魚介のスープ・ストックを加え、10分程度煮込み、ミキサーにかけ、細かいシノワでこす。

シェフのひとこと

ガーリックオイルは、オリーブオイルを熱し、ニンニクをつぶしてごく弱火で火を通してこしたもの。ほかの料理で使った際の余ったオイルをとっておいても使えます。

Bacalao al ajoariero
バカラオ・アル・アホアリエロ

バカラオのラバ追い風

バカラオを使った定番料理で、アリエロはラバ追いの意味。
内陸部の台地で生まれた料理で、ナバーラでよく食べられる。

材料(4人分) ※写真は1人分

- 甘塩ダラ(フィレ) …… 150g×4
- 玉ネギ …… 2個
- 緑ピーマン …… 5個
- 赤パプリカ …… 2個
- ニンニク(みじん切り) …… 5g
- ピキージョ …… 6個
- トマトソース(P19参照) …… 280㎖
- ガーリックオイル(P36参照) …… 50㎖
- 塩 …… 適量

作り方

1. 玉ネギ、緑ピーマン、赤パプリカを粗みじん切りにし、ガーリックオイルでゆっくり火を入れる。
2. しっかり炒めたら、ニンニクのみじん切りも加えて炒める。
3. 粗みじん切りにしたピキージョを加えて炒める。
4. トマトソースを加え、弱火で5分ほど煮込み、なじませる。
5. ベースができたら、別鍋でタラを低温のガーリックオイルで約3分コンフィにする。
6. 5のタラを取り出し、骨を抜き、皮も取り、その皮を細かく刻む。刻んだ皮は4のソースに加える。
7. なじんだらタラの身もソースに加えごく弱火でゆっくり火を通す。味をみて、足りなければ塩を足して調える。

バカラオ・エン・サルサ・ベルデ・コン・アルメハス

Bacalao en salsa verde con almejas

バカラオ・エン・サルサ・ベルデ・コン・アルメハス

バカラオとアサリのグリーンソース

スペインバスクの定番、パセリのみじん切りで緑色にしたソース
"サルサ・ベルデ"で煮込んだタラとアサリの人気料理。

材料(4人分)※写真は1人分

甘塩ダラ(フィレ) ⋯⋯ 200g×4	魚介のスープ・ストック(P19参照) ⋯⋯ 360㎖
アサリ ⋯⋯ 40個	白ワイン ⋯⋯ 50㎖
パセリ(みじん切り) ⋯⋯ 30g	薄力粉 ⋯⋯ 10g
ニンニク(みじん切り) ⋯⋯ 4片分	塩 ⋯⋯ 適量
オリーブオイル ⋯⋯ 60㎖	

作り方

1 平鍋にオリーブオイルをひいて熱し、ニンニクを入れて香りを出したら、薄力粉を加えて炒める。
2 砂出ししてよく洗ったアサリを入れ、白ワインを注ぎ、アルコールを飛ばしてから魚介のスープ・ストックを加え、薄力粉(分量外)を薄くまぶしたタラ、パセリを加えて、アサリが口を開けるまで煮込む。味をみて、足りなければ塩を足して調える。

Merluza frita a la Bilbaína
メルルーサ・フリタ・ア・ラ・ビルバイーナ

ビルバオ風 メルルーサのフライ

バスクでは塩ダラと並んで、非常に好んでよく使われる魚、
メルルーサをフライにした料理。

材料(4人分) ※写真は1人分

- メルルーサ …… 800g
- 薄力粉 …… 120g
- 卵 …… 2〜3個
- ニンニク …… 1株
- 塩 …… 適量
- オリーブオイル …… 400㎖
- レモン …… 1個
- イタリアンパセリ …… 適宜
- ピメントン …… ひとつまみ

作り方

1 メルルーサを100gずつに切り、塩をし、約半量の薄力粉をふり、メルルーサを約0.8〜1㎝ほどの厚さになるように押しつぶす。
2 フライパンにオリーブオイルを熱し、みじん切りにしたニンニクを入れ、香りを出す。
3 揚げる直前に、残りの薄力粉をつけて、溶き卵をくぐらせて2で揚げる。
4 盛り付け、イタリアンパセリとくし形に切ったレモンを添え、ピメントンをふる。

Rodaballo al txakoli
ロダバージョ・アル・チャコリ

マコガレイのチャコリ風

カレイをバスクでよく飲まれる微発泡の白ワイン「チャコリ」をかけた料理。

シェフのひとこと
現地では鷹の爪は使いませんが、日本では味に深みを出すために使用しています。

材料（2人分）

マコガレイ …… 1尾
ニンニク …… 3片
鷹の爪 …… 1本
チャコリ …… 50㎖
塩 …… 適量
オリーブオイル …… 適量
パセリ（みじん切り）…… 適量

作り方

1 カレイに塩をし、炭火でじっくり焼く。
2 平鍋にオリーブオイルをひいて熱し、粗みじん切りにしたニンニクと鷹の爪を入れて香りを出す。
3 2にチャコリをふりかけ、パセリを入れて温める。
4 1のカレイを盛り付け、3のオイルをふりかける。

マルミタコ

Marmitako

マルミタコ

漁師風煮込み

昔からあるバスクの漁師の煮込み料理。魚介のだし汁で野菜を煮込んだもの。船内で使う鍋「マルミタ(marmita)」が由来。

材料(4人分)※写真は1人分

カツオ …… 1kg	パセリ …… 適量
長ネギ …… 1本	鷹の爪 …… 1本
緑ピーマン …… 4個	ピメントン、塩 …… 適量
玉ネギ …… 2個	赤パプリカ …… 2個
チョリセロ(乾燥) …… 2個	ジャガイモ …… 600g
トマトコンカッセ …… 2個分	水 …… 1ℓ
ニンニク …… 2片	オリーブオイル …… 65㎖

作り方

1. 鍋に1ℓの水を入れ、カツオの頭と骨、乱切りにした長ネギと緑ピーマン2個を加え、30～40分くらい煮てから火を止め、シノワ(こし器)でこす。
2. 別鍋にオリーブオイルをひき、玉ネギのみじん切りを加えて飴色になるまで炒める。
3. ぬるま湯で戻したチョリセロの身をこそぎ取って2に加え、トマトコンカッセ、ニンニクとパセリのみじん切りも入れて弱火で15分ほど煮る。
4. 鷹の爪とピメントンを入れ、素早く混ぜる。
5. 残りの緑ピーマンとパプリカをみじん切りにして加え、乱切りにしたジャガイモも入れて、軽く蒸し煮にする。
6. ジャガイモがつかるくらいの1の茹で汁を入れ、ジャガイモに火が入るまで煮る。
7. ジャガイモと同じくらいの大きさに切ったカツオに塩をして6に加え、ジャガイモを崩さないように7～8分煮る。火を消し1時間ほど味をなじませる。

シェフのひとこと

サン・セバスティアンで毎年8月のお祭り期間中「マルミタコ・コンクール」が開かれるなど夏は各地でマルミタコが食されます。現地では火を入れてもジューシーな、ボニート(bonito)と呼ばれるビンナガ(ビンチョウ)マグロを主に使いますが、ここではカツオで代用しています。

Lubina a la Donostiarra
ルビーナ・ア・ラ・ドノスティアラ

スズキのドノスティア風

バスク地方でも人気の高いスズキをシェリーヴィネガー（本来はシードルヴィネガー）の
ソースで仕上げたサン・セバスティアンの定番料理。

材料（4人分）※写真は1人分
スズキ（フィレ） …… 150g×4
玉ネギ …… 1個
ジャガイモ …… 2個
塩、オリーブオイル、
ヒマワリオイル …… 適量
プチベール …… 適量
＜ヴィネガーソース＞
オリーブオイル …… 適量
ニンニク …… 2片
鷹の爪 …… 1本
シェリーヴィネガー …… 50㎖
パセリ …… 適量

作り方

1. フライパンにオリーブオイルを入れて熱し、スライスした玉ネギを入れて飴色になるまでソテーする。
2. ジャガイモをスライスし、別鍋で低温のヒマワリオイルで揚げる。
3. 別のフライパンで塩をしたスズキの皮面をこんがり焼き上げる。
4. 鉄板に2のジャガイモを並べ、1の玉ネギをのせ、その上に3のスズキをのせて200℃に熱したオーブンで5～6分焼く。
5. ヴィネガーソースを作る。フライパンにオリーブオイルを熱し、粗みじんにしたニンニク、鷹の爪を入れて香りを出し、ニンニクが色づいてきたら、シェリーヴィネガーを入れて火を止め、みじん切りにしたパセリを入れる。
6. ジャガイモ、玉ネギ、スズキの順に重ねて盛り付け、5のヴィネガーソースをかけて、プチベールを添える。

Lubina a la sidra
ルビーナ・ア・ラ・シードラ

スズキのリンゴ酒煮

スズキをバスク地方でよく飲まれるリンゴ酒で煮込んだ定番料理。

材料(4人分)※写真は1人分

- スズキ（フィレ）…… 150g×4
- アサリ …… 20個
- 玉ネギ …… 1個
- 薄力粉 …… 10g
- シードル …… 100㎖
- 魚介のスープ・ストック（P19参照）
  …… 100㎖
- ニンニク …… 2片
- 鷹の爪 …… 1/2本
- オリーブオイル、塩 …… 適量
- パセリ …… 適量

作り方

1. 鍋にオリーブオイルをひいて熱し、スライスしたニンニクと鷹の爪で香りを出したら、ニンニクを取り出す。
2. 1の鍋に塩をしたスズキを入れ、軽く焼き色をつけて取り出す。
3. 2の鍋にみじん切りにした玉ネギを入れて炒める。
4. 玉ネギがしんなりしてきたら薄力粉を加えて炒め、砂出ししてよく洗ったアサリを入れ、シードルを注いで軽くアルコールを飛ばす。
5. 魚介のスープ・ストックを加え、1のニンニクと2のスズキを戻し、みじん切りしたパセリを加えて、アサリが口を開けるまで煮込む。

ポチャス・コン・アルメハス

Potxas con almejas

ポチャス・コン・アルメハス

インゲン豆とアサリの煮込み

ポチャスと呼ばれる、本来は乾燥させる前の若いインゲン豆とアサリをトマトソースで煮込んだ料理。現地ではポワローネギを使う。

材料（8人分）※写真は2人分

- 白インゲン豆（乾燥）……500g
- アサリ……1kg
- 長ネギ……130g
- 玉ネギ（みじん切り）……1個
- 人参……130g
- ローリエ……1枚
- ニンニク……2片
- トマトソース（P19参照）……80㎖
- 白ワイン……350㎖
- パセリ（みじん切り）……10g
- オリーブオイル、塩……適量

作り方

1 インゲン豆を水（分量外）にひと晩浸けて戻す。
2 1の豆の水をきり、丸ごとの長ネギ、玉ネギ半分、人参、ローリエとたっぷりの水（分量外）を入れて、弱火で1時間半ほど煮込む。野菜はひきあげる。
3 別鍋にオリーブオイルをひいて熱し、スライスしたニンニクを入れて香りを出し、残りの玉ネギをみじん切りにして加えてソテーし、トマトソースを注ぐ。
4 3に砂出ししてよく洗ったアサリを入れ、白ワインを加えて煮詰め、口が開くまでさらに煮る。
5 2で茹でた豆をすくいあげ、4に加える。
6 2の茹で汁を適量加えて、好みでソースの濃度を煮詰めて、塩で味を調える。
7 盛り付けてパセリ、オリーブオイルをかける。

Almejas a la marinera
アルメハス・ア・ラ・マリネラ

アサリの漁師風

バスク地方をはじめとして
スペイン北部でよく食されるアサリのトマトソース煮。

材料(4人分)※写真は1人分

- アサリ …… 1kg
- ニンニク …… 4片
- 鷹の爪 …… 3本
- 薄力粉 …… 適量
- パセリ(みじん切り) …… 15g
- 魚介のスープ・ストック(P19参照) …… 180㎖
- トマトソース(P19参照) …… 60㎖
- オリーブオイル …… 適量
- 塩 …… 適宜

作り方

1 鍋にオリーブオイルを入れて熱し、みじん切りにしたニンニクと鷹の爪を入れて温める。

2 色づく前に砂出ししてよく洗ったアサリを入れて、薄力粉とパセリを加え、軽く混ぜる。

3 魚介のスープ・ストックとトマトソースを加え、アサリが開くまで煮る。味をみて、足りなければ塩を足して調える。

Arroz con almejas
アロス・コン・アルメハス

アサリごはん

バスク全土で愛される定番の米料理。
土鍋で炊くのが特徴の、優しい味のごはん。

材料（4人分）※写真は1人分

- アサリ …… 40個
- 米 …… 320g
- 玉ネギ …… 1/2個
- 緑ピーマン …… 4個
- ニンニク（みじん切り）…… 40g
- 魚介のスープ・ストック（P19参照）
  …… 1.4ℓ
- オリーブオイル、塩 …… 適量
- パセリ …… 適量

作り方

1. カスエラ（耐熱陶器皿）にオリーブオイルをひいて直接火にかけて熱し、ニンニクを炒めて香りを出したら、みじん切りにした玉ネギを加えてソテーする。
2. 砂抜きし、水洗いしたアサリを加えて煮込み、アサリが開いたら取り出す。
3. 米を洗わずにそのまま加え、軽く炒めてからみじん切りにしたピーマンを加え、魚介のスープ・ストックを注いで蓋をし、煮込む。
4. 8割ほど煮えたらアサリを戻し入れてよく火を通し、塩で味を調え、仕上げにみじん切りにしたパセリをふる。

▶ フランス・バスクの類似レシピは **P128 参照**

Sopa de pescado
ソパ・デ・ペスカード

魚介スープ

魚介の旨味が凝縮された具だくさんのスープで
スペイン各地や中南米でも食される。
スープをミキサーにかけるためポタージュ状になっているのが特徴。

材料（10人分）※写真は1人分

アンコウの頭もしくは魚の骨 …… 750g	コニャック …… 50㎖
エビの頭 …… 750g	トマト …… 2個
アサリ …… 40個	トマトペースト …… 50g
ムール貝 …… 20個	パン …… 120g
白身魚 …… 400g	ニンニク（フライ用）…… 2片
ニンニク …… 3片	水 …… 2.5ℓ
玉ネギ …… 1個半	オリーブオイル …… 適量
長ネギ …… 4本	パセリ、ピメントン、塩 …… 適量
白ワイン …… 250㎖	

作り方

1 平鍋にオリーブオイルをひいて、エビと魚の頭を230℃に熱したオーブンで香ばしい香りが出るまで約10分焼く。
2 別の鍋にオリーブオイルを熱し、つぶしたニンニクとさいの目に切った玉ネギ、長ネギを入れてよく炒める。
3 さいの目切りにしたトマトとトマトペースト、トーストしたパンをちぎって加え、ニンニクを薄切りにして揚げたニンニクのフライを入れ、1の焼いたエビの頭、魚の頭も加えてさっくり炒める。
4 白ワインとコニャックを注いでアルコールを飛ばす。
5 水を注ぎ、弱火で約50分煮込み、しっかりエビと魚の頭からの旨味を抽出させる。
6 ミキサーにかけ、目の細かいシノワでこす。
7 スープに砂出ししてよく洗ったアサリ、ムール貝、ひと口サイズに切った白身魚を加え、アサリが口を開くまで煮る。塩で味を調える
8 仕上げにパセリのみじん切りとピメントンをふりかける。

Sopa de pescado
Errezetak

ペスーゴ・ア・ラ・バスカ

Besugo a la Vasca

ベスーゴ・ア・ラ・バスカ

タイのバスク風

ホワイトアスパラガスやグリーンピースなど
野菜やアサリをたっぷり入れた高級魚タイの料理。

材料（4人分）※写真は1人分

真ダイ（フィレ） …… 150g×4枚	ニンニク …… 1片
アサリ …… 16個	白ワイン …… 50㎖
グリーンピース …… 100g	魚介のスープ・ストック（P19参照）…… 適量
ホワイトアスパラガス …… 4本	薄力粉 …… 15g
ゆで卵 …… 4個	オリーブオイル、塩、砂糖 …… 適量
玉ネギ …… 半分	イタリアンパセリ …… 適量

作り方

1 平鍋にオリーブオイルをひき、みじん切りにしたニンニクを熱し香りを出してから同様に切った玉ネギを炒める。
2 薄力粉を加え、さっくり炒める。
3 タイに塩をし、薄力粉（分量外）をまぶして鍋に加える。
4 3にグリーンピースを入れ、砂出ししてよく洗ったアサリ、白ワインを加え、強火にして酸味とアルコールを飛ばす。
5 魚介のスープ・ストックを入れ、約5分煮込む。
6 ホワイトアスパラガスはきれいに皮をむき、片手鍋に沸かしたお湯に塩と砂糖、オリーブオイルを入れて皮と共に約8〜10分茹でる。
7 5に、ホワイトアスパラガス、半分に切ったゆで卵を加えて少し煮込み、みじん切りにしたイタリアンパセリをふる。

シェフのひとこと

ベスーゴ（真ダイ）は主に北部ビスケー湾で水揚げされるが、ギプスコア県のオリオはタイで有名な町。毎年6月15日はタイの日でタイの炭火焼きコンクールが開催されるほど。

チピロネス・エン・ス・ティンタ

Txipirones en su tinta

チピロネス・エン・ス・ティンタ

イカのスミ煮

ヤリイカの一種の小イカ「チピロン（バスク語：チピロイアク／txipiroiak）」をイカスミで煮たもの。スペイン全土で食されるバスクの代表的な料理。

材料（4人分）※写真は1人分

ヒイカ …… 24杯	**＜イカスミソース＞**	魚介のスープ・ストック
玉ネギ …… 1個	イカスミペースト …… 50g	（P19参照）…… 180㎖
ニンニク …… 1片	玉ネギ（みじん切り）…… 400g	オリーブオイル …… 適量
鷹の爪 …… 1本	白ワイン …… 100㎖	
オリーブオイル、塩	トマトソース（P19参照）…… 100㎖	
…… 適量	ニンニク …… 4片	
パセリ …… 適量	鷹の爪 …… 2本	

作り方

1. イカは小さめのものを選び、内臓を取り除いて皮をむき、水洗いする。ゲソは刻んでおく。
2. フライパンにオリーブオイルをひき、みじん切りにしたニンニクと鷹の爪を入れて香りを出し、玉ネギを入れてしっかり炒める。
3. 玉ネギが飴色になったら、1のゲソを加えて炒める。
4. 3を1のイカの胴体に詰め込み、楊枝で口を留める。
5. イカスミソースで煮込む。塩で味を調える。
6. 盛り付け、仕上げにパセリのみじん切りをかける。

＜イカスミソース＞

1. 鍋にオリーブオイルを熱し、みじん切りにしたニンニクと鷹の爪を入れて香りを出す。
2. みじん切りにした玉ネギを加え、しっかり飴色になるまで炒める。
3. 鷹の爪を取り出し、イカスミペーストを入れ、軽く炒めて白ワインを加える。
4. アルコールを飛ばし、トマトソースを加える。
5. 魚介のスープ・ストックを入れて30分ほど煮込み、シノワでこす。

ペギ・アウンディ・ア・ラ・プランチャ・コン・クレマ・デ・セボジェタ・イ・サルサ・デ・ス・ティンタ

Begi Haundi a la plancha con crema de cebolleta y salsa de su tinta

ベギ・アウンディ・ア・ラ・プランチャ・コン・クレマ・デ・セボジェタ・イ・サルサ・デ・ス・ティンタ

イカの鉄板焼き サラダ玉ネギのソースとイカスミソース

本来はスペイン・バスク産の目玉が大きい地物イカ「ベギ・アウンディ」を使った料理。アオリイカなどで代用する。

材料（4人分）※写真は1人分

イカ …… 400g
塩コショウ、ガーリックオイル（P36参照）、パセリオイル（P25参照）…… 適量
イカスミソース（P55参照）…… 適量
スプラウト、オリーブオイル …… 適量
＜サラダ玉ネギのソース＞
サラダ玉ネギ …… 300g
生クリーム …… 30㎖
バター …… 30g

作り方

1 イカは内臓を取り除いて皮をむき、水洗いして格子状に切り込みを入れておく。
2 イカに塩コショウし、フライパンにオリーブオイルを熱してソテーする。
3 イカをいったん皿にとり、ガーリックオイルとパセリオイルをかける。
4 皿にサラダ玉ネギのソースをしき、3のイカを盛り付け、スプラウトをのせる。イカスミソースを添える。

＜サラダ玉ネギのソース＞

1 鍋にバターを入れ、みじん切りにした玉ネギを炒める。絶対に色づけないように注意する。
2 生クリームを加えて、ミキサーにかけ、シノワでこす。

シェフのひとこと

サラダ玉ネギのソースは、バスクでよく使われるセボジェタを使いますが、こちらではサラダ玉ネギで代用しています。

カラマレス・エン・セボジャード

Calamares en cebollado

カラマレス・エン・セボジャード

イカの玉ネギフライのせ

イカと相性の良い玉ネギ揚げをのせてアレンジした料理。

材料（4人分）※写真は1人分

アオリイカ …… 1杯
オリーブオイル、塩 …… 適量
ピメントン …… 適量
スプラウト …… 適宜

玉ネギ …… 1個
緑ピーマン …… 1個
焼きパプリカの汁 …… 80㎖
コーンスターチ、ヒマワリオイル、塩 …… 適量

作り方

1 イカは内臓を取り除いて皮をむき、水洗いしてから開き、格子状に切り込みを入れ、切り分ける。
2 1のイカに塩をまぶして、オリーブオイルをひいたフライパンで焼く。
3 玉ネギをスライスし、鍋にたっぷりのヒマワリオイルを熱し、低温からゆっくり揚げて飴色にする。
4 スライスした緑ピーマンも玉ネギと同様に揚げる。
5 別鍋で、オーブンでじっくり焼いたパプリカから出た汁を温め、コーンスターチを入れて少し濃度をつけ、塩で味を調えミキサーにかけてからこす。
6 皿に5のスープを注ぎ、イカを盛り付け、ピメントンをふりかけ、玉ネギとピーマンのフライをのせ、スプラウトを散らす。

シェフのひとこと

焼きパプリカの汁は、パプリカに塩とオリーブオイルをふりかけて、アルミホイルで巻き、200℃に熱したオーブンで20～30分焼いた時に出る汁。ほかの調理で使った時（P29、30、33など）にとっておく。1個でだいたい大さじ1杯分くらい取れるので80㎖欲しい場合はパプリカ約5、6個分。

チャングロ・ア・ラ・ドノスティアラ

Txangurro a la Donostiarra

チャングロ・ア・ラ・ドノスティアラ

ドノスティア風カニの甲羅焼き

チャングロはカニの1種で、ここでは毛ガニで代用する。
バスク地方の定番料理。

材料(4人分)※写真は2人分

毛ガニ …… 2杯	トマトソース(P19参照) …… 200mℓ
玉ネギ …… 1個	生クリーム …… 少々
ニンニク …… 1片	カイエンペッパー …… 少々
コニャック …… 50mℓ	パン粉、バター …… 適量
白ワイン …… 50mℓ	パセリ …… 適量
	オリーブオイル、塩コショウ …… 適量

作り方

1 フライパンにオリーブオイルを熱し、みじん切りにしたニンニクと玉ネギを炒める。
2 毛ガニの身を加え、コニャックでフランベし、白ワインも加える。
3 そのまま炒め、水分が飛んだらトマトソースを加える。
4 仕上げに生クリームを加えさっくり混ぜる。
5 塩コショウ、香りづけにカイエンペッパーを入れる。
6 カニの甲羅に5を詰め、パン粉をふり、バターを少しのせてオーブントースターでほんのり焼き色がつく程度に焼き上げる。
7 皿に盛り付け、パセリのみじん切りをふりかける。

ZUTABEA 01
地域別に見る バスクの食&文化 スペイン・バスク

バスク地方は同じバスクの文化圏に属しながらも、地形や気候風土によって個性も様々。ここではスペイン・バスク4県の特産品や郷土料理など、食をめぐる各地のご当地事情を中心に紹介します。

ギプスコア Guipúzcoa
（バスク語：Gipuzkoa）

　ギプスコアの県都は、その景観の美しさから"ビスケー湾の真珠"と謳われるサン・セバスティアン（バスク語：ドノスティア）。ミシュランの星付きレストランの密集度、ピンチョスの発祥地である土地柄から、「世界一の美食の町」としても知られます。ギプスコアもビスカヤと同様に、海バスクと山バスクが混在する県。海沿いの漁師町ゲタリア、スマイアには、新鮮な魚を食べさせてくれるレストランが軒を並べます。塩、唐辛子、ニンニクの味付けに、オリーブオイルをかけるだけのシンプルな炭火焼きを、発泡性の地ワイン"チャコリ"とともに味わうのがギプスコア流。なかでも、丸ごとのタイ1匹をオーブンや炭火で焼き上げる料理は、ビスカヤも含めクリスマスの定番のごちそうです。

　山バスクの特産品といえば、トロサの黒インゲン豆"アルビア"抜きに語れません。オリーブオイルと塩でコトコト煮込んだひと皿は、ほっと体にしみわたる滋味深さ。山間の村、イディアサバルで造られる羊乳チーズは、マルメロのジャムを添えてデザートにも。リンゴ酒"シードラ"の特産地でもあり、1月頃から始まる新酒のシーズンには、醸造所や直営のレストラン"シドレリーア"で樽出しのシードラが振る舞われます。

ビスカヤ Vizcaya（バスク語：Bizkaia）

　北はビスケー湾、南は内陸のアラバ県に接するビスカヤは、海バスクと山バスクの両方の顔をもつエリアです。代表的な都市は、バスク地方屈指の人口を誇るビルバオ（バスク語：ビルボ）。ビスケー湾沿いにはベルメオ、レケイティオなどの港町が点在し、漁港ではアンチョビの材料であるカタクチイワシをはじめ、マグロ、タイ、メルルーサ、アンコウなどの良質な魚介類が水揚げされます。高級食材として知られるウナギの稚魚アングーラス（angulas）をニンニク、赤唐辛子、オリーブオイルで煮込むひと皿も、もともとはビスカヤの郷土料理。古くからタラ漁が盛んだったことから、バカラオ料理の種類も豊富です。とりわけ、ソテーしたタラに、バスク産の唐辛子、チョリセロと玉ネギ、トマトのソースを添えて味わう「バカラオ・ア・ラ・ビスカイーナ」（P36参照）は絶品。

　一方、内陸側ではゲルニカのピーマン、赤インゲン豆に代表される野菜や豆類、チュレトン（txuletón）と呼ぶ骨付き牛肉など、山バスクならではのごちそうが。自慢の地酒は、"チャコリ・デ・ビスカヤ"の原産地呼称をもつ爽やかな白ワイン。ビスカヤ産のチャコリは発泡が控えめで、ボディがしっかりしたタイプが多いのが特徴です。

アラバ Álava（バスク語：Araba）

　山岳地帯と違い平野が多く、緑豊かなグリーンバスクとはやや趣を異にするアラバ県。アラバ県の県都・バスク州の州都はビトリア（バスク語：ガスティス）。隣県のリオハはスペイン屈指のワイン産地として知られていますが、リオハの中でも"リオハ・アラベサ"と呼ばれる地区は、全域がアラバ県に属しています。ゾーン内には、「マルケス・デ・リスカル」「アルタディ」など、リオハの中でも特に高いクオリティを誇る銘醸ワイナリーがズラリ。少数ながらチャコリの醸造所もあり、"チャコリ・デ・アラバ"の原産地呼称にも認定されています。

　郷土料理もワインと相性抜群のものが多く、その好例が「サルミエント」と呼ばれるブドウのツルや枝で薪焼きにする肉料理。特に「レチャソ・アサード」と呼ばれる骨付き仔羊の炭火焼きは、ブドウの木の香ばしさをまとって、えもいわれぬ美味しさに。野菜作りも盛んで、特にジャガイモはスペイン屈指の名産地。チョリソーとジャガイモをパプリカと一緒に煮込むシチューは、アラバとリオハ一帯ではポピュラーな家庭料理です。

　春を告げる風物詩は、ペレチコス（perretxikos）と呼ばれる白い小さなキノコ。4、5月の旬の時期には、アラバの代表的な都市ビトリアのバルやレストランでも、ペレチコスのトルティージャやソテーがメニューに並びます。

ナバーラ Navarra（バスク語：ナファロア Nafarroa）

　ナバーラ州の面積はバスク自治州3県分の総面積より広く、地形は北部の山岳地帯から南の平野部まで変化に富んでいます。両者の中間部にあるのが、牛追い"エンシエロ"を競うサン・フェルミン祭りで有名なパンプローナ（バスク語：イルニャ）。開会宣言が行われる市庁舎広場周辺には無数のバルやレストランがひしめき、バスクならではのピンチョスを並べる店も多く見られます。

　ナバーラの伝統料理といえば、ヘミングウェイも好んで食べたとされる「トゥルーチャ・ア・ラ・ナバーラ」。ピレネー山麓の雪解け水で育ったニジマスの腹に生ハムを詰め、ほどよい塩味をきかせてソテーしたひと皿。秋から冬にかけては、コドルニス（codorniz）と呼ぶウズラ、ウサギ、野鳥などのジビエが食卓をにぎわせます。

　南部のトゥデーラを中心とする平野部は、良質な野菜の一大産地。特に、ホワイトアスパラガス、赤ピーマンのピキージョ、アーティチョークなどの野菜にかけては、ナバーラ産の右に出るものはありません。リオハに匹敵するワイン産地でもあり、赤、白、ロゼともに品質の高さには定評があります。スモモをアニス酒に漬けて作るパチャラン（patxaran）も、ナバーラ伝統のリキュールです。

1 サン・セバスティアンのラ・コンチャ海岸。2 ゲタリアの漁港。3 チャコリのブドウ畑と初世界一周航海記念碑。4 トロサの黒インゲン豆アルビア。5 イディアサバルで造られる羊乳チーズ。6 シドレリーア。7 ビルバオのグッゲンハイム美術館。8 ウナギの稚魚アングーラス。9 タラとメルルーサのアゴ肉、ココチャス（kokotxas）。10 ゲルニカの議事堂のステンドグラス。11・12・13 パンプローナの街並み。

ZUTABEA 02

スペイン・バスク 一日の食事

悲しいことも楽しいこともすべて食卓で分かち合う。雨がちで暗い天気が多いバスク地方で、家の中やバルの中がひときわ明るく温かなのは、それを吹き飛ばすためでしょう。誰かが亡くなっても、お祝い事も、集って美味しいものを食べる、バスクは食が生活の基本です。

朝食

現代社会では、朝食は一般的にスペインと同じく会社や学校へ行く前に軽くすませることがほとんど。その内容はミルクコーヒーである、カフェ・コン・レチェ（café con leche）にビスケットを数枚、子どもたちはカカオ入りミルクのコラカオ（Cola Cao）やシリアルなど。

昔、バスクの農場などではトウモロコシの粉と牛乳で作ったお粥や、同じくトウモロコシの粉で作ったパンケーキなどを朝食にし、農作業にのぞんでいたようです。タロ（talo、バスク語はタロア／taloa）と呼ばれるこのパンケーキは、最近では村祭りの屋台にて、ソーセージ、チストラ（P83参照）やチーズなどを挟んだ軽食として親しまれています。

11時のおやつ「アマイケタコ」

11時前後に軽食を食べる習慣があり、アマイケタコ（hamaiketako）と呼ばれています。農作業を営む人々が、朝6時から農作業を始め、11時頃休憩をしたのが名残とのこと。昔は、農場で飼っている豚をつぶして作るパンセタ（豚の三枚肉）をこんがりと焼いて田舎パンに挟んで食べるなど、ボリュームのあるものを食べていたそうです。

都会ではコーヒーブレイクタイムになります。会社員でも、外のバルへ行って、タバコを一服したり、コーヒーと小さめのバゲットサンドやスパニッシュオムレツ、クロワッサンなどの軽食を食べたりします。バルにピンチョスが並び始めるのもこの頃です。

子ども達も学校へ果物やお菓子を持参しておやつタイムをとります。

1 ペンションでの朝食。
2 11時頃バルでとる「アマイケタコ」。
3・4 昼食は母親が腕をふるってご馳走を用意する。

昼食

　会社や学校から一度家へ帰り、家族で食卓を囲むのが一般的です。だいたい13時半から16時半くらいまでの昼休みをゆっくり家で過ごします。

　1皿目はポワローネギとジャガイモの煮込みの「ポルサルダ」(P70参照) など豆や野菜の煮込み、米料理やパスタなどです。グリンピースやアセルガ菜、カリフラワーなど旬に応じて様々な野菜も使われます。特にバスク名産のアルビア豆の煮込みは、グツグツと時間をかけた母の味。豆類は消化が悪いので、夜ではなく、昼食時に食べることが多いようです。

　2皿目は肉や魚など。牛モモ肉のソテーやローストチキン、ウサギの煮込みもよく食卓に登場し、ワインやリンゴ酒と一緒に愉しみます。

　週末はこの昼食の開始時間がぐっと遅くなり、14時半くらいに。その前に家族でバルへ行って、イカフライなどをつまみにアペリティブするのが家族の団らんのひとときになっています。

　その後、"美食倶楽部 (P66参照)" で父親が腕をふるい、大きな土鍋を使った「バカラオのピルピル」(P34参照) や大きな魚を丸ごとオーブン焼きするなど、男の料理を披露することもしばしばです。

午後のおやつ「メリエンダ」

　18時頃、再びコーヒーブレイクの時間、メリエンダ (merienda) があります。子ども達は学校から戻ると生ハムやチョリソーのスライスを挟んだバゲットサンド、ボカディージョ (bocadillo) をほおばります。

夕食

　だいたい21時以降になります。平日はサラダやオムレツなどさっと作れるもの、その日の昼食の残り物を食べることもあります。

　バスクの農場では鶏を飼っているのが普通で、昔から卵もよく食べられていました。新鮮な卵の目玉焼きとチストラなどが定番メニューでしょう。

　週末ともなると、レストランやバルで外食を楽しみますが、やはり21時以降になるのが通常で、フルコースのメニュー・デグスタシオン (Menú Degustación) などを頼むとお店を出るのが0時すぎることも多々あります。

5 レストランでゆっくり昼食を楽しむ人々。
6 白インゲン豆を丸ごとの玉ネギと人参、赤唐辛子のチョリセロ (乾燥) を入れて水から煮込む。
7 ポチャス (potxas) と呼ばれる、本来は乾燥させる前の若いインゲン豆を野菜とチョリソーとで煮込んだ料理。
8 週末は昼食の前に、平日は夕食の前にバルに寄っておしゃべりを楽しむ。

ZUTABEA 03

スペイン・バスクの会員制組織 美食倶楽部

スペイン・バスクに古くから伝わる会員制の会食などを楽しむ組織。日本では「美食倶楽部」として紹介されることの多いこの仕組み、かつては女人禁制で男性だけが集い、語らうものでした。その歴史と現在、そして魅力に迫ります。

美食倶楽部ってどんなもの？

　仲間同士の秘密基地のようなこの存在は、ビスカヤでは、バスク語で"片隅"や"こぢんまりとした場所"を表すチョコア（txokoa）、ギプスコアではソシエダ（sociedad）、バスク語でソシエダデア（soziedadea）、またはエルカルテア（elkartea）と呼ばれます。機能的にはまったく同じものですが、呼び名が異なるのです。会員同士または会員とそのゲストが使用でき、食べて、飲んで、歌って、おしゃべりするための場所。平日に仕事の後何か簡単につまみを作って一杯飲んだり、サッカーの試合を見たり、週末に友達を呼んで料理をふるまったりすることもあります。こちらが美食に特化したのがスペイン語ではソシエダー・ガストロノミカ（sociedad gastronómica）と呼ばれ、日本語に直訳すると「美食のための組織」となります。

都市部の集まりは…

　都市では気の合った仲間達でお金を出し合い、地下にあるレストランなどの賃貸物件を借ります。資金が豊富な場合は分譲物件を購入する場合もあります。馬術同好会や釣りの愛好会など同じ趣味を持つ仲間同士で結成することも多いようです。

　会費の中から料理に必要な調味料や基本食材が準備されており、ワインなどの飲み物は会員価格で購入が可能です。使った後の片づけは不要。所定の場所にゴミを捨て、お皿やコップ、カトラリーを洗い場に放置しておけば、翌日みんなのお金で雇われた清掃員がきれいに片付けてくれるという素晴らしい仕組み。美食倶楽部で過ごした後はまた安心して飲みに行けるというわけです。

地方のクラブは家の中に！

　一方地方ではふさわしい賃貸物件がない場合、家の一部に美食倶楽部を作るケースが多いようです。家の1階や地下に家族用とは違うキッチンと大人数用のテーブ

1 ビルバオ郊外の家の中にあるチョコア。
2 大きな美食倶楽部では、入り口にバーカウンターを備えられているものも。
3 楽しそうに友人たちと料理を作るバスクの男性たち。
4 アラバの家の半地下にある美食倶楽部。
5 週末には友人家族を招いて美食倶楽部で食事を楽しむ。
6 半地下の美食倶楽部に据え付けられた暖炉。
7 練炭を使って料理をする昔ながらのキッチンストーブ。
8 ポロン（P196参照）を上手に使って赤ワインを回し飲み。
9 美食倶楽部内に備え付けられている定番のリネン類。バスクの民俗旗カラーの赤、白、緑を使い、大きなテーブルクロスとナプキンをセットで常備し、主に祭日や来客のある時などに使用する。

ルが設えてあり、主に週末に近所の仲間同士で集います。

美食倶楽部の歴史と現在

　1857年にサン・セバスティアンで最古の組織として「ラ・フラテナル (La Fratenal)」が発足。食べたり、歌ったり、また闘牛などの催しの企画をしていましたが、火事で焼失。1870年に同じメンバーで「ウニオン・アルテサナ (Unión Artesana)」を設立し、現在に至ります。美食に特化して追求する組織として最古のものは、1900年に設立された、カニョエタン (Kañoetan)。そこで「ラ・ガストロノミカ (La Gastronomica)」という美食組織が発足し、今でもその名の通り美食のために活動しています。

　また、当初は女人禁制の男性だけに許された社交の場でした。バスクではいわゆる「かかあ天下」の家庭が多く男性だけで思う存分楽しめる場所が欲しかったからとも、料理好きで友達にふるまうことが好きな男性が多かったからともいわれています。

　1939年から1975年までのフランコ政権の独裁時代には、美食倶楽部は特に貴重な集会の場として活躍しました。公の場においてバスク語の使用は基本的に禁止されていたため、美食倶楽部の中はバスク語で話したり歌ったりすることができ、精神的に解放されるひとときを過ごすことができる場所だったのです。

　頑に女人禁制を貫くガステルビデ (Gaztelubide) のような著名なクラブもありますが、現在では女性は料理してはいけないけれどゲストとして足を踏み入れてもいいクラブや、男性と同じ正会員になって同等の権利を得られる組織など多様化しています。

Text & Photo : Konari Fukiko

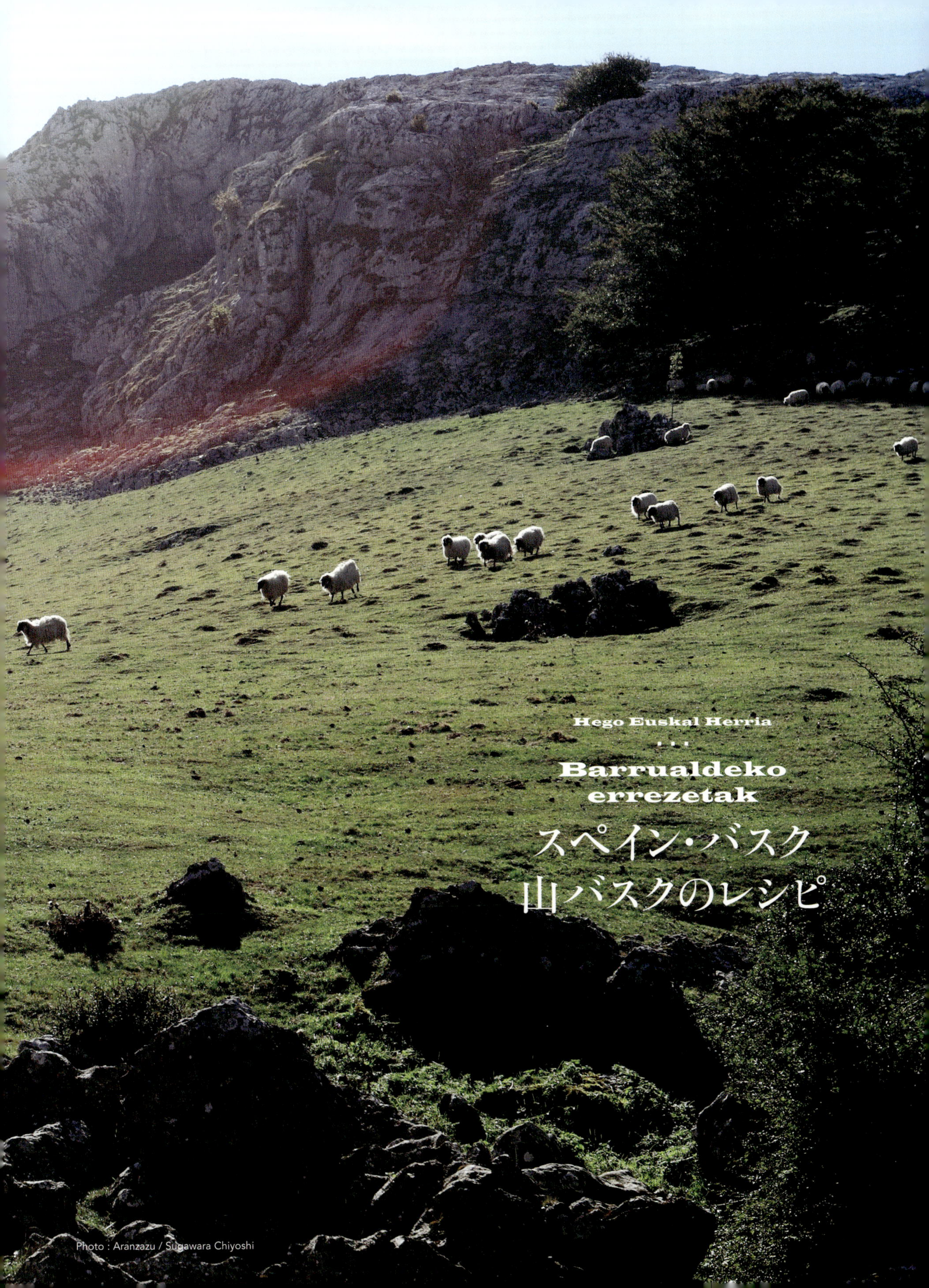

Hego Euskal Herria

・・・

Barrualdeko errezetak

スペイン・バスク 山バスクのレシピ

Photo : Aranzazu / Sugawara Chiyoshi

Porrusalda
ポルサルダ

ネギのスープ

本来はポワローネギで作る煮込みスープで、昔ながらの素朴な家庭料理。バスク語でポルはネギでサルダがだし汁の意味。優しい甘味が出ている。

シェフのひとこと

様々なレシピがあり、塩ダラ（65℃でコンフィにしたもの）やカボチャなどを入れてもいい。

材料（4人分）※写真は1人分

- 長ネギ …… 3本
- 人参 …… 2本
- ジャガイモ …… 2個
- ブイヨン …… 1ℓ
- オリーブオイル、塩 …… 適量

＜ブイヨン＞（約15ℓ分）

- 鶏ガラ …… 10kg
- 玉ネギ …… 5個
- 人参 …… 2本
- セロリ …… 4本
- トマト …… 3個
- ローリエ …… 2枚
- パセリの軸 …… 10本
- ニンニク …… 1株
- 水 …… 20ℓ

作り方

1. 長ネギを約1.5cmの長さに切る。人参は大きめのさいの目に、ジャガイモは1cm角に切る。
2. フライパンにオリーブオイルをひき、人参を炒める。
3. 長ネギを加えてさっくり炒め、ジャガイモを加え、ブイヨンを入れて弱火で煮る。
4. ジャガイモにある程度火が入ったら塩で味を調える。

＜ブイヨン＞

1. 鶏ガラを血抜きして内臓を取り、ぶつ切りにし、一度茹でこぼしてアクや汚れを取り除いてから洗う。
2. 全ての材料を入れ（野菜は丸ごと）を入れて沸かす。アクをとりながら弱火で約4〜5時間煮込んでからこす。

Crema de carabaza
クレーマ・デ・カラバサ

カボチャのポタージュ

バスク地方でよく食されるカボチャの味をしっかり出した濃厚なスープ。

シェフのひとこと
南京カボチャを使う場合は、この分量だともったりしすぎるので、少なめに。バターナッツがおすすめです。

材料（6人分）※写真は1人分
- カボチャ（バターナッツ）…… 1kg
- オリーブオイル …… 50㎖
- ブイヨン（P70参照）…… 500㎖
- 牛乳 …… 180㎖
- 生クリーム …… 180㎖
- バター …… 50g
- 塩 …… 適量
- パン …… 適宜

作り方
1. カボチャは、半分くらいに切って、オリーブオイルをまぶしてからアルミホイルにくるんで180℃に熱したオーブンで竹串がすーっと通るくらいまで焼く。
2. 1のカボチャの粗熱がとれたら、皮をむいて一口大に切る。
3. 鍋にブイヨンと牛乳、生クリーム、バターを入れて軽く煮立たせる。
4. 2のカボチャを3に加え、味をみて、塩を加えて調え、ミキサーにかけてからこす。
5. 盛り付け、トーストしたパンを切って、浮かべる。

▶ フランス・バスクの類似レシピは **P151** 参照

Alubias rojas de Tolosa
アルビアス・ロハス・デ・トロサ

アルビア黒豆の煮込み

ギプスコア県の山間の町トロサで採れる黒豆を煮込んだポタージュスープで、割れやすい豆を丁寧により分けて作る田舎の豆料理。素朴で滋養がある。

シェフのひとこと
ギンディージャ（青唐辛子の酢漬け）を添えて食べる習慣があります。アクセントになって良いようです。

材料（4人分）※写真は1人分
- トロサの黒豆 …… 600g
- 長ネギ …… 1本
- 玉ネギ …… 1個
- 人参 …… 1本
- 緑ピーマン …… 1個
- トマト …… 1個
- ニンニク …… 2片
- ローリエ …… 1枚
- オリーブオイル …… 50㎖
- 塩 …… 適量
- ギンディージャ …… 適宜

作り方

1. 黒豆を水（分量外）にひと晩浸けて戻す。
2. 鍋に1の豆の水をきって入れてひたひたの水（分量外）を入れて煮る。沸騰したら、一度水をきって捨て、豆がしっかり浸かる程度に、新しく水を加える。
3. オリーブオイルと丸ごとの長ネギと玉ネギ、人参、緑ピーマン、トマト、ニンニク、ローリエを加え、豆が割れないようにごく弱火で煮る。
4. 煮えてきたら野菜を取り出す。
5. 濃度をつけるため、煮えた一部の豆を取り出し、ミキサーにかけてから戻し、味をみて塩で調える。
6. 盛り付け、ギンディージャを添える。

Potxas con chorizo
ポチャス・コン・チョリソー

インゲン豆とチョリソーの煮込み

ポチャスと呼ばれる、本来は乾燥させる前の若いインゲン豆を
野菜とチョリソーとで煮込んだ料理。

材料(4人分)※写真は1人分
- 白インゲン豆 …… 500g
- 玉ネギ …… 1個
- 人参 …… 2本
- トマト …… 1個
- チョリソー …… 180g
- 緑ピーマン …… 2個
- ニンニク …… 1株
- オリーブオイル …… 30㎖
- 塩 …… 適量
- パセリ …… 適宜

作り方
1. インゲン豆を水(分量外)にひと晩浸けて戻す。
2. トマトと緑ピーマンの種を取っておく。
3. 冷たい水(分量外)に1の豆を水をきって入れ、ほかの材料をすべて丸ごと加えてから沸かし、豆が割れないように水を足しながら弱火で1時間半ほど煮込む。
4. 煮えたら、玉ネギ、人参、緑ピーマン、チョリソーを取り出してさいの目に切る。
5. 濃度をつけるために、トマトと煮上がったインゲン豆を少し取り、ミキサーにかける。
6. 4で切った具と5を鍋に戻して温め、味をみて塩で調える。
7. 盛り付け、パセリのみじん切りを散らす。

ソパ・デ・ガルバンソ

Sopa de garbanzo

ソパ・デ・ガルバンソ

ヒヨコ豆の煮込み

飲むというより食べるスープ。
本場では入れないが、温泉卵をのせると美味しい。

材料(4人分)※写真は1人分

ヒヨコ豆 …… 200g
長ネギ …… 1本
玉ネギ …… 1個
人参 …… 1本
生ハム、ベーコン（ブロック）…… 各50g
ローリエ …… 1枚
塩 …… 適宜
温泉卵 …… 4個
パセリオイル（P25参照）…… 適量

作り方

1 ヒヨコ豆を水（分量外）にひと晩浸けて戻す。
2 深鍋に、1の水をきった豆、長ネギ、玉ネギ、人参、生ハム、ベーコンをそれぞれ丸ごと入れてたっぷりの水（分量外）をそそいでローリエを入れ、弱火でじっくりあくを取りながら煮込む。
3 煮えてきたら、2の野菜とベーコンと生ハムを取り出し、粗みじん切りに刻んで戻して温め、塩で味を調える。
4 盛り付けて温泉卵をのせ、パセリオイルをふりかける。

Patatas a la Guipuzcoana
パタタス・ア・ラ・ギプスコアーナ

ジャガイモのギプスコア風

ジャガイモにネギを重ねたシンプルな料理。
現地ではポワローネギを使うが長ネギで代用できる。

材料(4人分)※写真は1人分
ジャガイモ …… 1kg
長ネギ …… 480g
オリーブオイル …… 40㎖
薄力粉 …… 5g
パセリ(みじん切り)、塩 …… 適量

作り方

1 鍋にオリーブオイルをひいて熱し、ジャガイモの大きさに合わせ、3〜4㎝の長さに切った長ネギを色づくまで焼く。
2 1に薄力粉を入れて炒める。
3 1.5㎝の厚切りにしたジャガイモを加え、焦がさないように注意しながら炒める。
4 沸騰させた水1ℓ(分量外)を加え、やわらかくなるまで煮込み、塩で味を調える。
5 盛り付け、パセリを散らす。

Patatas en salsa verde
パタタス・エン・サルサ・ベルデ

ジャガイモのグリーンソース煮

ジャガイモをバスク地方の定番、緑色のソースで煮込んだ家庭料理。

シェフのひとこと
まかないでよく食べていた料理です。

材料(4人分)※写真は1人分

- ジャガイモ …… 1kg
- 玉ネギ …… 1個
- ニンニク …… 2片
- 鷹の爪 …… 1本
- 魚介のスープ・ストック(P19参照) …… 適量
- オリーブオイル …… 適量
- パセリ、塩 …… 適量

作り方

1. カスエラ(耐熱陶器皿)にオリーブオイルを入れて熱し、みじん切りにした玉ネギとニンニク、鷹の爪を入れ、ごく弱火で炒める。
2. 10分くらい炒めたら、包丁の根元を差し込み、割るようにしてひと口大に切ったジャガイモも加え、炒める。
3. 魚介のスープ・ストックをジャガイモがしっかり隠れるくらいの量を加え、やわらかくなるまで煮る。
4. みじん切りにしたパセリを加えてさっと火を通す。味をみて、塩で味を調える。

エスパラゴス・ブランコス・ア・ラ・パリージャ・コン・パンセタ・イベリカ

Espárragos blancos a la parrilla con panceta Iberica

エスパラゴス・ブランコス・ア・ラ・パリージャ・コン・パンセタ・イベリカ

ホワイトアスパラガスの生ハム巻き

春の旬野菜、ホワイトアスパラガスをイベリコ豚の生ハムで巻き、
ピキージョのクリーミーなソースと一緒に楽しむぜいたくで美しい料理に。

材料(4人分)※写真は1人分

ホワイトアスパラガス(生) …… 8本
塩、砂糖、オリーブオイル …… 適量
生ハム(イベリコ豚のパンセタ) …… 16枚
ピキージョソース(P19参照) …… 50㎖
黒トリュフ …… 適量
エディブルフラワー …… 適宜

作り方

1. ホワイトアスパラガスの皮をきれいにむき、皮と共に片手鍋に沸かしたお湯に塩と砂糖、オリーブオイルを入れて約8〜10分茹でる。茹で上がったら網焼きし、5㎝ほどに切る。
2. 生ハムで1のアスパラを巻き、軽くバーナーで炙る。
3. 2を盛り付け、温めたピキージョソースとスライスした黒トリュフとエディブルフラワーを飾る。

シェフのひとこと
ホワイトアスパラガスはスペイン・バスクでは特にナバーラ産が有名です。

Menestra de verduras del tiempo
メネストラ・デ・ベルドゥーラス・デル・ティエンポ

季節野菜の温サラダ

生ハムの塩気がよく合い、酢のさっぱり具合が絶妙な野菜の温サラダ。
ナバーラの料理だが、バスクでは定番の一品。

シェフのひとこと

メネストラというと野菜の煮込みを指す場合もありますがこちらでは蒸しています。良質の赤ワインヴィネガーとオリーブオイルを使うのがポイントです。

材料(4人分)※写真は1人分

生ハム …… 100g
玉ネギ …… 1個
A ┃ ブロッコリー …… 1株
　┃ カリフラワー …… 1株
　┃ 赤カブ …… 1個
　┃ ジャガイモ …… 1個
赤ワインヴィネガー …… 適量
オリーブオイル、塩 …… 適量

作り方

1. フライパンにオリーブオイルを熱し、みじん切りにした玉ネギをしっかり飴色になるまで炒める。
2. Aの季節野菜はひと口サイズに切り、火が通りにくいものから順番に入れて蒸し上がりを同時にする。
3. ボウルに赤ワインヴィネガーとオリーブオイル、塩を入れ、2の野菜が温かいうちに1の玉ネギとスライスした生ハムも加えて和え、盛り付ける。

Lomo de ciervo a la plancha con pera al vino tinto
ロモ・デ・シエルボ・ア・ラ・プランチャ・コン・ペラ・アル・ビノ・ティント

鹿ロースの鉄板焼き 洋ナシのコンポート添え

バスクではジビエもよく食べられるが、その動物が好む果物を付け合わせにする伝統がある。
こちらもよく食べられる洋ナシのコンポートを添えて。

材料（4人分）※写真は1人分

- 鹿のロース …… 1.5kg
- 長ネギ …… 1本　玉ネギ …… 2個
- 人参 …… 2本
- 赤ワイン …… 750㎖
- ジン、コニャック …… 適量
- ローリエ …… 2枚　タイム …… 1房
- フォン・ドゥ・ヴォー …… 100㎖
- ジャガイモのピューレ（P90参照）…… 適宜
- 黒コショウ …… 適宜
- オリーブオイル、塩 …… 適量

＜洋ナシのコンポート＞

- 洋ナシ …… 1個　赤ワイン …… 100㎖
- 水 …… 100㎖　砂糖 …… 70g
- レモンジュース …… 8㎖
- レモンピール …… 少々
- シナモン …… 1本　セルフィーユ …… 適宜

作り方

1. さいの目に切った長ネギと玉ネギ、人参と赤ワイン、ジン、コニャック、ローリエとタイムで鹿ロース肉をひと晩マリネする。
2. 1の中身をザルでこし、肉、液体、香味野菜に分ける。
3. フライパンにオリーブオイルをひき、2の香味野菜を炒めてから、2の液体を加えて弱火で1時間ほど煮る。
4. 煮詰まったらこし、フォン・ドゥ・ヴォーを加えて濃度が出て、とろみがつくまで煮る。
5. 2の肉に塩をふり、を鉄板で焼き、レアに仕上げる。
6. 肉を切り分け、4の煮汁とジャガイモのピューレを添え、洋ナシのコンポートにセルフィーユを添えて盛り付ける。好みで黒コショウを散らす。

＜洋ナシのコンポート＞

1. 赤ワインと水を鍋に入れて沸かし、レモンジュースとレモンピール、シナモンを加えて、砂糖を入れて混ぜてシロップをつくる。
2. 1を冷まして真空パックに注ぎ、角切りにした洋ナシを入れて空気を抜き、80℃に熱したスチームに約20分入れる。

Callos a la Vizcaína
カジョス・ア・ラ・ビスカイーナ

ビスカヤ風ハチノスの煮込み

バスク地方で愛される牛の胃袋の煮込み料理。
赤いビスカヤソースを加えて仕上げる。

材料(4人分) ※写真は1人分

- 牛ハチノス …… 1kg
- 玉ネギ …… 1個
- 人参 …… 1本
- セロリ …… 1本
- トマト …… 1個
- 黒コショウ …… 20粒
- ローリエ …… 1枚
- ニンニク(みじん切り) …… 20g
- 玉ネギ(みじん切り) …… 2個分
- チョリソー …… 150g
- ビスカヤソース(P36参照) …… 500㎖
- オリーブオイル、塩 …… 適量

作り方

1. 匂いを取るためにハチノスを3〜4回茹でこぼす。
2. 鍋に丸ごとの玉ネギ、人参、セロリとトマト、黒コショウ、ローリエを入れて全体がかぶるくらいの水(分量外)を注ぎ、1のハチノスを煮込む。やわらかく煮上がったらハチノスだけを取り出してひと口サイズに切る。
3. 別鍋にオリーブオイルをひき、ニンニクを入れて香りを出し、玉ネギも加えてしっかり炒める。
4. 飴色になったらさいの目切りにしたチョリソーを加えて炒める。
5. 2のハチノスを鍋に加え、ビスカヤソースと2の茹で汁を加えて1時間ほど弱火で煮込む。
6. 塩で味を調える。

▶ フランス・バスクの類似レシピは**P147**参照

Chistorra a la sidra
チストラ・ア・ラ・シードラ

羊腸ソーセージのリンゴ酒風

バスク語ではチストラ（txistorra）と呼ばれる定番の
パプリカの粉末入りのソーセージをリンゴ酒で風味付けた定番料理。

材料（8人分）※写真は2人分

A
- 豚粗びきミンチ …… 1kg
- 塩 …… 15g
- 黒コショウ …… 4g
- ピメントン …… 20g

羊腸 …… 1本
シードル …… 100㎖

作り方

1 Aの材料をボウルに入れてしっかり混ぜ合わせ、ひと晩おいてなじませる。
2 1を羊腸に詰める。
3 2をはさみで好みの長さに切り分け、炒める。
4 焼き色がつき、8割がた火が入ったらシードルをふりかけ、アルコールを飛ばして仕上げる。

ポジョ・デ・カセリーオ・ア・ラ・バスカ

Pollo de caserío a la Vasca

ポジョ・デ・カセリーオ・ア・ラ・バスカ

バスク風地鶏のチャコリ煮

スペイン全土でよく食べられるトマトとピーマン、玉ネギとニンニクのソースにバスクワインのチャコリを加えた煮込み料理。

材料(4人分)※写真は1人分

鶏モモ肉 …… 800g	緑、赤ピーマン …… 各1個
玉ネギ …… 1個	トマトコンカッセ …… 1個分
生ハム …… 75g	チャコリ(白ワイン) …… 100㎖
ニンニク …… 2片	ブイヨン(P70参照) …… 500㎖
マッシュルーム …… 120g	オリーブオイル、塩コショウ、パセリ …… 適量

作り方

1 深鍋にオリーブオイルを熱し、さいの目に切った玉ネギを入れて炒める。
2 薄切りにした生ハムを加えて炒め、みじん切りにしたニンニクも加える。
3 軽くニンニクの香りを出したら、石づきを取って4つ割りにしたマッシュルームを加える。
4 角切りにしたピーマンを加え、トマトコンカッセを加える。
5 弱火で軽く煮込み、チャコリ(白ワイン)を加えて煮詰める。
6 別のフライパンで塩コショウし、50gくらいずつに切り分けた鶏肉を、オリーブオイルでソテーしてから5に入れ、ブイヨンを加えてさらに煮詰める。
7 盛り付け、パセリのみじん切りを散らす。

マニータス・デ・セルド・コン・コンフィタード・デ・フルータス・セカス

Manitas de cerdo con cofitado de frutas secas

マニータス・デ・セルド・コン・コンフィタード・デ・フルータス・セカス

豚足の煮込み
リンゴとドライフルーツのコンポート添え

豚足のプルプル具合がたまらないコラーゲンたっぷりの料理。
ドライフルーツを煮込んだコンポートはバスクに欠かせないデザートだが、
豚足とも相性が良い。

材料(4人分)※写真は1人分

豚足 …… 8本	砂糖 …… 50g	<コンポート>
長ネギ …… 3本	水 …… 25㎖	リンゴ …… 1個
玉ネギ …… 1個	シェリー(クリーム) …… 375㎖	レーズン …… 24粒
人参 …… 1本	ルビーポートワイン …… 500㎖	砂糖 …… 30g
クローブ …… 4個	チャービル …… 適宜	レモンピール …… 少々
ローリエ …… 2枚	ジャガイモのピューレ(P90参照)	シナモン …… 1/2本
塩 …… 適量	…… 適量	クミン …… ひとつまみ

作り方

1. 圧力鍋に豚足とざく切りにした長ネギ、玉ネギ、人参、クローブ、ローリエを入れ、軽く塩をして、たっぷりの水(分量外)をそそいで、弱火で1時間40分ほど煮込む。
2. 豚足と野菜を取り出し、汁をそのまま煮詰める。
3. 2の野菜をミキサーにかけてから、2のだし汁に戻して煮る。
4. 別鍋に砂糖と水を加え、煮詰めてキャラメルを作り、シェリー酒とポートワインを加え、アルコールを飛ばす。
5. 4を3のだし汁に加えてさらに煮詰める。
6. 2の豚足の骨を取り、冷ましてから余分な部分を切って、長方形に整形する。
7. 整形した豚足を5の鍋に加え、豚足がやわらかくなってソースがなじむまで煮る。
8. 切り分け、コンポートとチャービル、ジャガイモのピューレを添える。

<コンポート>

1. リンゴは小さな角切りにし、レーズンは刻んでおく。
2. 鍋に1と砂糖、レモンピール、シナモンを入れて浸かるくらいの水(分量外)を加え弱火で煮込む。
3. 汁がなくなってきたら、クミンを入れて混ぜ合わせる。

レングア・デ・バカ・エストファード

Lengua de vaca estofado

レングア・デ・バカ・エストファード

牛タンのトロサ風シチュー

牛タンをトマトなどと共にとろ火で煮込んだシチュー。

材料(4人分)※写真は1人分

- 牛タン ……1本
- 玉ネギ ……2個
- 人参 ……2本
- セロリ ……2本
- トマト ……2個
- ローリエ ……1枚
- フォン・ドゥ・ヴォー ……100㎖
- 塩コショウ、薄力粉 ……適量
- 卵 ……1個
- パセリ ……適宜
- ヒマワリオイル ……適量
- オリーブオイル ……適量

作り方

1 玉ネギ、人参、セロリ、トマトをさいの目に切る。
2 深鍋に、牛タンと1の半量、ローリエを入れ、水(分量外)を注いで、やわらかく煮込む。
3 別鍋にオリーブオイルを熱し、トマト以外の1の残りを炒める。しっかり炒めたら、トマトも加え、さっくり炒める。
4 3にフォン・ドゥ・ヴォーを加え、ミキサーにかけてからこす。濃度が重たければ、2の茹で汁を加えて調整する。
5 2から取り出した牛タンに塩コショウし、薄力粉をまぶし、溶いた卵をくぐらせてから、180℃に熱したヒマワリオイルで揚げる。
6 牛タンを揚げたら油をきり、4のソースと合わせてとろ火で煮込む。
7 盛り付け、パセリのみじん切りをふる。

Carrilleras de ternera al vino tinto
カリジェラス・デ・テルネーラ・アル・ビノ・ティント

仔牛ホホ肉の赤ワイン煮

やわらかいホホ肉を赤ワインでじっくり煮込んだ料理。
できればリオハ・アラベサのバスクワインで。

材料(4人分) ※写真は1人分

- 仔牛のホホ肉 …… 1kg
- 塩コショウ、薄力粉、オリーブオイル …… 適量
- 玉ネギ …… 1個　人参 …… 1本
- セロリ …… 1本
- 赤ワイン …… 750㎖
- ニンニク …… 1片
- ローリエ …… 1枚
- ローズマリー …… 4房

＜ジャガイモのピューレ＞

- ジャガイモ …… 2kg
- 牛乳 …… 200㎖
- 生クリーム …… 100㎖
- バター …… 30g
- ブイヨン(肉のだし汁) …… 適量

▶ フランス・バスクの類似レシピは**P156**参照

作り方

1. 牛ホホ肉に塩コショウし、薄力粉をして焼き色をつける。
2. 別鍋にオリーブオイルを熱し、スライスしたニンニクとさいの目切りにした玉ネギ、人参、セロリをしっかり炒める。
3. 赤ワインを加え、ローリエを入れて、1の肉を加え弱火で3〜4時間ほど煮込む。
4. しっかり煮込んだら肉を取り出し、ソースをハンドミキサーにかけてからこす。
5. 4の肉を冷蔵庫に入れてひと晩寝かす。
6. しっかり冷えて固まったら肉を切り分け、でき上がった4のソースでさらに煮込む。
7. 盛り付け、ジャガイモのピューレとローズマリーを盛りつける。

＜ジャガイモのピューレ＞

1. ジャガイモは乱切りにして、つかるくらいのブイヨンで茹でる。
2. 約200㎖を残してスープを取り除き、牛乳と生クリーム、バターを入れる。
3. ミキサーにかけて裏ごしする。

Txuleta al brasa
チュレタ・ア・ラ・ブラサ

骨付き肉の炭火焼き

骨つきの牛肉を炭火焼きにして食べるのが、バスクのごちそう料理として有名。
アサドール（炭火焼き屋）、シドレリーア（シードルレストラン）には必ずある。

材料（2人分）

牛サーロイン …… 800g
（できれば骨付きが好ましい）
塩（粒子が粗いもの）…… 適量

作り方

1 肉を常温に戻し、塩をふりかけ、じっくりと炭火で焼く。

フォワグラ・ア・ラ・プランチャ・コン・フルータス・デ・テンポラーダ・イ・カラメロ・デ・シードラ

Foie gras a la plancha con frutas de temporada y caramelo de sidra

フォワグラ・ア・ラ・プランチャ・コン・フルータス・デ・テンポラーダ・イ・カラメロ・デ・シードラ

フォワグラの鉄板焼き
リンゴ酒のカラメルがけ
季節の果物 リンゴのピューレ添え

フォワグラを鉄板焼きにし、季節の果物にバスク産のリンゴ酒のカラメルがけをしたものに、リンゴのピューレを添えた一品。

材料(4人分) ※写真は1人分

フォワグラ …… 600g
塩コショウ …… 適量
季節の果物（イチゴ）…… 適量
セルフィーユ、ルッコラ …… 適宜
エディブルフラワー …… 適宜

＜リンゴ酒のカラメル＞
シードル …… 200㎖
砂糖 …… 50g
水 …… 25㎖

＜リンゴのピューレ＞
リンゴ …… 500g
砂糖 …… 50g
バター …… 50g

作り方

1 鉄板を温め、塩コショウしたフォワグラを焼く。
2 季節の果物にリンゴ酒のカラメルをふりかけ、ガスバーナーで焼き色をつける。
3 皿にリンゴのピューレを盛り付け、1のフォワグラと2のフルーツをのせ、セルフィーユとルッコラとエディブルフラワーを添える。

＜リンゴ酒のカラメル＞

1 鍋に砂糖と水を入れて煮詰め、キャラメルを作る。
2 シードルを加えてさらに煮詰め、好みの濃度になったら火を止めて冷やす。

＜リンゴのピューレ＞

1 リンゴの皮をむき、角切りにし、鍋に少量の水（分量外）と砂糖を入れて煮る。
2 リンゴが煮えたら、バターを加え、ミキサーにかける。

シェフのひとこと

ナバーラにあるMARTIKO社は、鴨にストレスを与えないため、広い敷地内で放し飼いにして常に動き回れる環境を整備。最大の特徴はガバージュと呼ばれる強制的な餌付けは一切せず、食べたい時に餌を与え、通常より25日も長い飼育期間をかけて育てていること。「幸福な鴨のフォワグラカナール エキストラ」と名付けられ、日本でも入手可能です。

ZUTABEA 04
スペイン・バスク トップシェフと 著名レストラン

「食は北にあり」と昔からスペインで言われてきたことですが、今やそれは世界スタンダード。食文化においてバスク地方はまるで名画が集まる巨大な美術館。世界中から美味しいものを求めて、美食家たちが集まります。

1・2 繊細かつ美味、『アケラレ』の料理は芸術的。
3・4 『アルサック』の厨房にてフアン・マリとエレーナ親子の貴重な一枚。

サン・セバスティアン San Sebastian

ミシュランの星がひしめくサン・セバスティアン。その中でも、フアン・マリ・アルサック（Juan Mari Arzak）の『アルサック（Arzak）』は1989年から、ペドロ・スビハナ（Pedro Subijana）の『アケラレ（Akelarre）』は2007年から3つ星を保持しています。彼らは1976年に興った新バスク料理の立役者で、郷土料理自体を見直し、ブラッシュアップ。見た目は新しいけれど、食べてみると昔ながらの味というわかりやすい料理を次々と生み出して大変評価されました。同じものを違った見方で描いた、まるで優しい印象派のような新バスク料理が広まりました。

スペイン美食界のアイコンであるアルサックは、70歳を超えた今も現役。2012年に最優秀最高料理人賞を受賞した娘エレーナ（Elena）と二人三脚で、お店を続けています。100年続く家族経営の堅苦しさのない心安らぐ店というスタンスとバスク料理がその基本。研究熱心で、変化を厭わず、大胆な発想で料理に挑む2人ですが、あくまでもアレンジであり、チェンジではないという印象を受けます。

一方、長身でグレーのひげをたくわえるスビハナは、まさに人々が思い描くグランシェフ。その風貌に反して、彼の店『アケラレ』では遊び心とトリック満載の楽しい料理に驚かされます。でも使用する食材は上質そのもので、その美味しさは直球で伝わります。基本のバスク料理を彼なりに再構築した料理はハイセンスでエレガント。ビスケー湾の絶景が眺められ、店内では食事する愉しみを存分に味わえることでしょう。

また、もう1人欠かせないのがスペインで一番星を持つ男マルティン・ベラサテギ（Martín Berasategui）、その数7つ。15歳から母と叔母の店に入り、休みの日にはフランスのパン屋や肉屋などレストラン以外にも修業に行くという努力家。今では世界各地にレストランを経営するまでとなりました。ポスト印象派とでもいいましょう

か、料理による自己表現を目指し、その斬新な料理はどれも美しさと美味しさを兼ね備えています。繊細でありながら大胆な食材の組み合わせは絶妙で、天才的としかいいようがありません。

ビルバオ　Bilbao

　食文化が豊かなビスカヤの首都で、美食都市を目指して日々精進を重ねるビルバオ。その成果は著しく、この10年で次々とミシュランガイドの評価を受けています。

　その良い例が　エネコ・アチャ（Eneko Atxa）、将来有望な30代のシェフです。彼のレストラン『アスールメンディ（Azurmendi）』はミシュランの最高評価だけではなく、欧州ベストレストラン50の堂々1位。バスクの風土を基本に、サステナビリティーという21世紀のコンセプトを加え、"美食"というものは食材とそれを生み出す大地、そしてその作り手で次世代に伝えていくものだと発信。ここでは着席する前にエントランスでのピクニックや温室でのアペリティフなどと、食事すること自体がエンターテイメント。彼の作品は体感する、コンセプチュアルアートのようです。

　一方、バスク神話で天地創世の女神が住まうという山麓のふもとに業界人が敬愛する炭火焼き職人がいます。炭火焼きレストラン『エチェバリ（Etxebarri）』のビクトル・アルギンソニス（Victor Arguinzoniz）。彼は「料理は火と対話すること」と言います。究極のミニマリズム、最高の素材を厳選すること、そしてそれぞれの旨さを引き出す微妙な火加減を、彼は熟知しているのです。ストレートにバスクを味わえる究極のこの店も、世界中から人々を惹きつけてやみません。

その他の地域

　この他にもこのバスクの地には珠玉の食のアーティストがたくさん存在します。ただ、ひとつ共通して言えるのは使われる手法技法がなんであれ、投影されているのは、バスクの風土ということ。アーティストたちの手によってこの豊かなバスクの地が料理に形を変え、作り手によって、季節によって、違った印象を投げかけてきます。それをどうとらえるかは私たち鑑賞者の感性次第。楽しみもよりひろがります。

5

6

7

8

5 マルティン・ベラサテギの代表作、お花畑のサラダ。
6・7 『アスールメンディ』では、食事の前にこちらの温室に行って使用される食材を見てから食事するなどの実験的な試みも。
8 『エチェバリ』の料理は旬の素材を厳選。

Text & Photo : Yamaguchi Junko

ZUTABEA 05

美食の都
サン・セバスティアンの
魅力

世界中から年間450万人の人が訪れるその目的は、いまや食。星付きレストランの数が人口あたり世界一を誇る美食の町サン・セバスティアン。バスク語ではドノスティア（Donostia）といい、地元の人はドノスティと呼びます。さあ、その魅力を探ってみましょう。

世界中から注目される美食の都市

　カンタブリア海の真珠と称されるラ・コンチャ海岸は浜辺に寄せるレース細工を彷彿させる波と白く繊細な欄干にぐるりと縁取られ、パリを思わせる瀟洒な建物が立ち並ぶ欧州で有名な避暑地です。しかしここは単なるビーチリゾートではないのです。
　まず、特筆したいのがこの街の飲食業界の守備範囲の広さ。上は3つ星レストランから旧市街に密集するバルまで、それぞれの懐具合に合わせて楽しむことができます。3つもある3つ星レストランだけでなく、実にハイクオリティーなレストランがひしめいています。

ピンチョスをつまみながらのバル巡り

　旧市街だけでもざっと160軒もあるバル。バーカウンターにずらりと並ぶピンチョスはひと口サイズのフィンガーフード。手の込んだものも多く種類も様々です。これをつまみにハシゴ酒するのは実に楽しいものです。こちらにはポテオ（P109参照）という習慣があり、昼食や夕食の前に気のあった仲間と一杯引っ掛けてから帰ります。

現代バスク料理から古典料理まで

　最新技術を使いこなす現代バスク料理は、ここから世界の流行が発信されるといわれるほどのレベルを誇ります。ソースと共に供される古典バスク料理では、この街での美食の伝統の深さを実感できるでしょう。風土豊かな郷土料理では、昔ながらの調理法である炭火焼き。大きな骨付き肉や丸ごとの魚が絶妙な焼き上がりで供され、食材と職人の技に脱帽することでしょう。
　外食文化が市井に浸透しているサン・セバスティアンでは、ドレスコードなど他国にあるような堅苦しさは全くありません。庶民も気軽に高級店のテーブルにつけるのです。どこへ行ってもワイワイがやがや、食卓というのは

1 カンタブリアの真珠と称されるラ・コンチャ海岸。
2 サン・セバスティアンではパエリアではなく名物アサリごはん（P49参照）をおすすめしたい。アサリのだし汁と塩味が日本人好みの味。
3 レストラン『カサ・ウロラ（Restaurante Casa Urola）』にて、イベリコ豚でだしをとった透明なスープに、"畑のキャビア"と賞賛される涙豆（ギサンテ・ラグリマ／guisante lágrima）と、生でスライスされたシシャ茸を浮かべたサン・セバスティアンの春の旬の食材を贅沢に使った一品。

家族で囲むものという土台があるので、お昼であれば名店でも子どもの顔が見られます。3つ星レストランのシェフが一番楽しそうに長話するテーブルは、ジーンズ姿の地元のおじさんでにぎわっているということはよく目にする風景です。仰々しいドレスやネクタイのかわりに美味しいものへの探究心をもって、すかせたお腹で臨みましょう。

豊かな食文化の元となるのが環境です。この辺りは海と山が非常に近く、ビスケー湾からは新鮮な魚、畑からは海風をまとった滋味深い野菜と豊富な食材に恵まれています。この素材を活かすというのもバスク料理の根本です。

サン・セバスティアンの人々

そして、この地に住む人々にも言及しましょう。勤勉で控えめな性質は日本人に通じるものがあります。常に正直であれというのがバスク人気質。例えば、サン・セバスティアン名物のピンチョスですが、自己申告制で後払いというのもこれを知ると納得できます。ここでは食い逃げやお客のおつりをごまかすことは人としてすることではないと思われているのです。

また、食べるために生きているといっても過言ではないサン・セバスティアン市民。食への関心は並大抵のものではありません。たとえば、サン・セバスティアンが発祥の地である「美食倶楽部（P66参照）」。こちらではその会員がプロ並みの腕で自分の招待客にごちそうをふるまいます。一般人であるおじさまたちは日々美味しいレシピ探求に時間もお金も惜しまないので、街中にあふれるお店のオーナーもその訪問に備えて気を抜くことはできません。

こうして、市民一人ひとりが支える外食文化は非常に根強く社会に浸透しているため、幅広くそしてレベルの高い外食産業が発展する理由となっています。

他のスペインの都市に比べると、世界遺産になるような教会やミュージアムといった魅力的な観光資源はありませんが、明日もまた食べに行きたくなる美味しいもの、多少お酒を飲んでしまっても安心して歩ける町、正直で優しい人々、そんなソフトの面が大充実している、それがサン・セバスティアンです。ただ、遺跡や美術品などと違って、レストランやバルの美味しいものは旬によって姿を変え、進化し続けるのでいつまでも私達を飽きさせません。

4 バスク名物のピンチョスがずらりと並んだバーカウンター。このスタイルはこの町から誕生。
5 エビの串焼き。温かいピンチョスはその場で作ってくれる。

6 美しいラ・コンチャ海岸の散歩道は夜遅くまで人で賑わう。
7 世界最初の美食倶楽部カニョエタン（Kañoetan）にて。

Text & Photo：Yamaguchi Junko　データ提供：サン・セバスティアン観光局

ZUTABEA 06

スペイン・バスク料理 基本のソース

スペイン・バスクの伝統的な料理には欠かせない5つの重要なソースをご紹介します。いずれも主に魚介類と合わせて煮込みなどに使われることが多いソースです。

基本のソースとは

バスク料理でよく使われるソースは、何種類かありますが、ここでは代表的な5種類を紹介します。サルサ・ピルピル (salsa pil-pil)、サルサ・ベルデ (salsa verde)、サルサ・ビスカイーナ (salsa bizcaina)、サルサ・クルブ・ラネロ (salsa Club Ranero)、サルサ・ティンタ・デ・カラマール (salsa tinta de calamar) です。

ピルピルソース

サルサ・ピルピルはバカラオの骨や皮をたっぷりのオリーブオイルの中でじっくりと加熱して抽出されたコラーゲンを水分と共に乳化させたソース。作っている途中に鍋のふちから「ピルピル」という音がするのでこの名前がついたといわれています。温度調整が難しく、火から離しながら低温でじっくり火を入れるなど、作るのにはテクニックを要します。こちらはフランス・バスクでも人気のソースです。

グリーンソース

サルサ・ベルデのベルデは「緑」を意味します。魚のだし汁ベースに小麦粉でとろみをだし、パセリのみじん切りをたっぷり加えるので、乳化したソースがあざやかな緑色に仕上がります。メルルーサなどの白身魚に合わせるのが定番ですが、アサリを加えてだし汁を濃厚にしたり、フライドポテトを加えてボリュームたっぷりにしたりしてアレンジすることもあります。コスケーラ (Koxkera) ともいい、特にギプスコアの海岸地方で非常によく使われます。

ビスカヤソース

サルサ・ビスカイーナとは、ピーマン類の栽培が盛んなビスカヤ地方で生まれた「ビスカヤ風ソース」です。チョリセロ (choricero) という、赤ピーマンの一種を家の外壁に吊るして干して乾燥させたものを使用したソースです。チョリセロは保存食で、使う分だけを水で戻し、切り開いて内側の果肉部分だけを包丁の背やスプーンなどでこそげとります。実際に調理してみると薄い皮なのに

1 サルサ・ピルピルの作り方。バカラオのゼラチンに、ホールのニンニク (カベサ・デ・アホ／cabeza de ajo) を握りつぶすように加える。
2・3 塩抜きしたバカラオの皮を加えてさらにゼラチンを抽出し、ニンニクオイルを注ぎ、小さな辛い赤唐辛子も加える。充分に成分が抽出されたらこす。
4 完成。ゼラチン、オイル、カルド (だし) のバランスが大事。水分が蒸発し過ぎないよう火加減をコントロールするのが最重要ポイントだそう。

5 メルルーサとアサリをサルサ・ベルデで仕上げた伝統料理、メルルーサ・サルサ・ベルデ・コン・アルメハス (Merluza salsa verde con almejas)。
6 カタツムリのビスカヤソース。

意外にたっぷりと果肉が取れて、ペラペラの皮だけが残るのが楽しい。太陽をいっぱい浴びているので、凝縮した旨味がぎゅっと詰まった濃厚な味です。弱火で時間をかけてゆっくり炒めた玉ネギのみじん切り、ニンニク、生のトマト、魚介だし汁と合わせてきれいな赤いソースとなります。

ラネーロクラブ・ソース

サルサ・クルブ・ラネーロとはピルピルとビスカイーナから生まれたソースです。ある時、「ラネーロ倶楽部」という名前の、ビスカヤにある美食倶楽部の仲間が集まり、みんなで料理をしていた時のこと。サルサ・ピルピルもサルサ・ビスカイーナも人数分用意できないことがわかりました。仕方がないから、その2種類を両方混ぜてしまおうと思いついてできたのがこのソース。倶楽部の名前を取って、ラネーロ風と命名されたそうです。サルサ・ピルピルのやわらかな口当たりとサルサ・ビスカイーナの濃厚さがほどよく調和した、ちょっと欲張りなソースです。

イカスミソース

最後に、真っ黒なイカスミソース、サルサ・ティンタ・デ・カラマール。目玉が大きい地物イカ、ベギ・アウンディ（begi haundi）や小ヤリイカの一種、チピロン（txipirón）などを使います。スペイン全土で食べられますが、バスク地方発祥で、玉ネギの甘味とトマトが入った、バスクを代表するソースのひとつです。フランス・バスク地方でも使われます。

7 バスク料理では最も重要な食材のバカラオは、タラに大量の塩をして干したもので、使う時に1～2日間水で塩抜きをしてから使う（生のタラもバカラオと呼ぶ）。遠洋漁業が盛んだった中世から船の中の貯蔵食として重宝されてきたもので、生ハムと同じで塩と乾燥による熟成によってアミノ酸が増加し、生とは一味も二味も違う凝縮した旨味が特徴。
8 赤ピーマン（パプリカ）の水煮にバカラオのすり身などを詰めた定番料理。ビキージョソースなどをかける。
9 赤ピーマン（唐辛子）の一種を家の外壁などに吊るして干して乾燥させたチョリセロ。種を取り除いて水で戻して使用する。
10 イカそのものを一緒に煮込むことが多いイカスミソース。市販のイカスミペーストを利用することが多い。
11 昔ながらのすり鉢、モルカヘテ。ニンニクをすりつぶす時などに重宝する。

Photo : Valle de Roncal / Sugawara Chiyoshi, San Sebastian / Uenishi Mitsu, Konari Fukiko

Helado de intxaursaltsa
エラード・デ・インチャウルサルサ

クルミのアイスクリーム

おばあちゃんが作ってくれていたような古くから伝わるデザートを
こちらではアイスクリームにアレンジした一品。

材料（4人分）※写真は1人分

クルミ …… 300g
牛乳 …… 700㎖
生クリーム …… 400㎖
シナモン …… 1本
砂糖 …… 150g
ミント、粉糖 …… 適宜

作り方

1 クルミをしっかりすり鉢でつぶす。
2 片手鍋に牛乳と生クリーム、シナモンを入れて沸かす。
3 シナモンを取り出し、1のクルミと砂糖を加えてごく弱火で30分ほど煮詰める。
4 濃度がつくまで煮詰めたら氷水で粗熱を取る。
5 アイスクリーマーでアイスクリームにして盛り付け、ミントの葉を添え粉糖をふりかける。

シェフのひとこと
現地ではモルテロ（mortero）と呼ばれるすり鉢でクルミをすりつぶします。

通常はこのままクリスマスなどにいただく家庭のデザート。

Manzana al horno
マンサナ・アル・オルノ

リンゴのオーブン焼き

バスク地方はリンゴの産地としても有名。
そのリンゴを丸ごと味わうデザートで昼の定食のデザートの定番。

材料（4人分）※写真は1人分

リンゴ …… 4個
砂糖 …… 適量
バター …… 適量
リンゴのリキュール …… 50㎖
粉糖 …… 適宜

作り方

1 リンゴの芯をくり抜いて、砂糖を入れ、バターを詰める。
2 175℃に熱したオーブンで20～25分焼く。
3 取り出し、リンゴのリキュールをふりかけてさらに5分ほど焼く。
4 仕上げに粉糖をふりかける。

パンチネタ

Pantxineta

パンチネタ

バスク風カスタードパイ

スペイン・バスクの地方菓子として有名なパンチネタ。
素朴なカスタードパイにアーモンドとクルミを散らして香ばしく。

材料（4人分）

パイ生地 …… 250g
カスタードクリーム …… 200㎖
生アーモンドスライス …… 25g
クルミロースト …… 25g
卵黄 …… 適量
粉糖 …… 適宜

＜カスタードクリーム＞

牛乳 …… 300㎖
レモンピール …… 1/4個分
シナモン …… 1本
卵黄 …… 3個
砂糖 …… 85g
薄力粉 …… 30g

作り方

1 パイ生地を1枚に大きく伸ばし、20×15㎝程度に鉄板の大きさに合わせて2枚に切り、フォークで穴をあける。
2 カスタードクリームを生地にのせ、パイ生地のふちに溶いた卵黄を塗り、もう一枚同じ大きさに切ったパイ生地をのせ、ふちをフォークなどでしっかり押さえる。アーモンドとクルミローストを並べてから、190℃に熱したオーブンで30分焼く。
3 2を取り出したら粉糖をかける。

＜カスタードクリーム＞

1 牛乳に、レモンピールとシナモンを入れ、沸騰直前まで温める。
2 ボウルに卵黄に入れて砂糖を加え、白っぽくなるまで混ぜる。
3 2に薄力粉をふるい入れ、しっかり混ぜ合わせる。
4 1の鍋の牛乳をこしてから戻し、3を加え、もったりするまで火を入れる。

Arroz con leche
アロス・コン・レチェ

ライスプディング

ヨーロッパ各地や中南米でも愛されるデザートだが、
バスクが発祥の地ともいわれる定番スイーツ。

シェフのひとこと
焦げやすいので、火加減に気をつけるのがポイントです。

材料(4人分) ※写真は1人分
- 米 …… 90g
- 牛乳 …… 1ℓ
- レモンピール …… 3枚
- オレンジピール …… 3枚
- シナモン …… 1/2本
- 砂糖 …… 100g
- シナモンパウダー、ミント …… 適宜

作り方
1. 牛乳とレモンピール、オレンジピール、シナモンを片手鍋に入れて沸かし、米を洗わずに加えて約18分煮る。
2. 砂糖を加え、さらに2分ほど煮る。
3. 冷蔵庫で冷やす。
4. 盛り付け、シナモンパウダーをふり、ミントの葉を飾る。

Hojardre de manzana
オハルドレ・デ・マンサナ

リンゴのパイ

オハルドレと呼ばれるパリパリの薄いパイを重ねたデザート。
リンゴの薄切りを美しく並べて。

材料(4人分)

パイ生地 …… 200g
カスタードクリーム(P105参照)
　…… 200g
リンゴ …… 3個
カソナード(P93参照) …… 適量
粉糖 …… 適宜

作り方

1 パイ生地を伸ばし、カスタードクリームを塗る。
2 薄くスライスしたリンゴをのせてからカソナードをふりかける。
3 190℃に熱したオーブンで20分焼く。
4 仕上げに粉糖をふりかける。

ZUTABEA 07
食に感謝し楽しむバスク地方の祭

バスク人はお祭り好き。キリスト教関連行事のカーニバルや、イースター、三賢人の日なども祝いますが、ここではバスク地方独特の祭りと、各特産物の収穫祭など食に関連したお祭り、またお祭りの食をご紹介します。特に6〜9月は週末毎に町や村でお祭りが開催されます。

● スペイン・バスクの代表的なお祭り

1月中旬	サン・セバスティアン ダンボラダ Danborrada	コックコート姿の人々がグループごとに太鼓を叩いて町を練り歩く。
1月中旬	バスク・リンゴ酒生産各地 フィエスタ・デル・チョチュ Fiesta del TXOTX	シードラ解禁日。5〜6月には「Sagardo Eguna」も開催される。
2/3	アバディアーノ フェリア・デ・サン・ブラス Feria de San Blas	農産物と畜産の市が行われる。
4月 最終週	ビトリア フィエスタ・デ・サン・プルデンシオ Fiesta de San Prudencio	「カタツムリのビスカヤソース」を食べるのが定番。
7/7〜14	パンプローナ フィエスタ・デ・サン・フェルミン Fiesta de San Fermín	スペイン3大祭りのひとつで、牛追い「エンシエロ」が有名。
8/5前後の 6日間	ビトリア フィエスタス・デ・ラ・ブランカ Fiestas de La Blanca	白い聖母マリア祭。葉巻とカバ (Cava) で祝う。
8月第3土曜日から 9日間	ビルバオ セマナ・グランデ Semana Grande	毎日違う料理コンクールが開催される。力比べコンテストや闘牛が行われ、連日花火が上がる。

スペイン・バスクの主なお祭り

スペイン・バスクで特に大きなお祭りはパンプローナの「サン・フェルミン (San Fermín)」、サン・セバスティアンの「ダンボラダ (Danborrada)」、ビルバオの「セマナ・グランデ (Semana Grande)」、ビトリアの通称「ビルヘン・ブランカ (Virgen Blanca)」が有名です。また、リンゴ酒の解禁日やチャコリの解禁日など、地元の酒蔵で新酒を祝う催しもにぎやかに開催されます。そしてアバディアーノの「サン・ブラス (San Blas)」祭、など、チーズや農作物、畜産物などの市が立ったり、コンテストが開催されたりするお祭りも大勢の人でにぎわいます。

お祭りの時には…

お祭り会場にはピンチョスや飲み物、チュロス、キャラメルなどの屋台が並びます。ぬいぐるみなどを的にした投てきや、広場では力比べコンテストや料理コンクールが行われ、みな歌ったり踊ったりして思い思いに楽しみます。老人や子連れの家族は会場をそぞろ歩きし、若者達は仲間と円陣を組んで、カリモチョ (kalimotxoa) と呼ばれる赤ワインのコーラ割りを飲んで盛り上がります。

お祭りの食べ物

マルミタコ (P42参照)、肉の煮込み (スカルキ/Sukalki)、カタツムリのビスカヤソース (Caracoles en salsa vizcaína)、牛肉の煮込み (ギサードス・デ・テルネラ Guisados de ternera)、魚の炭火焼き (ペスカード・ア・ラ・ブラサ/Pescado a la brasa)、チョリソー入り丸パン (プレニャードス/Preñados) などが並びます。

フランス・バスクの主なお祭り

各地で特産物の収穫祭が行われます。中でも有名なのは5月末から6月頭ころに小さな田舎町、イツァスー村で行われるチェリー祭り (Fête de la cerise)。

バイヨンヌでは、毎年6月の1週目の週末にチョコレート祭りが開催されます。そしてフランス・バスクの最大の祭りは7月最終週の5日間で行われるフェット・ド・バイヨンヌ (Fête du Bayonne)。上下白の洋服を着て赤いバンダナにベレー帽を着用した人々が街にあふれ、牛追いや闘牛が行われます。

毎年10月最後の週末にはエスペレット村で、唐辛子祭り (Fête du piment) が開催されます。

1〜4 パンプローナのサン・フェルミン祭。
5〜6 サン・セバスティアンのダンボラダ。

ZUTABEA 08
バスク流ナイトライフ 週末や夜のハシゴ酒！

スペイン全土で親しまれているバルめぐり。バルに行って仲間とワインやビールを飲んで語り合いながらハシゴ酒をすることを、スペイン・バスク地方ではポテオ (poteo) やチキテオ (txikiteo) と呼び、大事な習慣になっています。

バスク流ハシゴ酒「チキテオ」

平日は朝早くから仕事に行き、夕方帰宅します。家に荷物を置くと、20代〜30代の若者は仲間とサッカーやバスケットボールをしたり、ジムやプールに行ったりして身体を動かすことが多いようです。一方、40代以上の人々は、バルに行って仲間とワインやビールを飲んで語り合います。これがポテオ (poteo) やチキテオ (txikiteo) と呼ばれるハシゴ酒です。

ピンチョ・ポテ

ピンチョス (pintxos) とは、串の意味で、串刺しにしたおつまみのようなもの。現在はパンにのせたタパスも含めてバスク地方ではピンチョスと呼ばれています。

木曜と金曜の夜は各バルが「ピンチョ・ポテ (pintxo pote)」を行います。これはピンチョ一品に、ワインやコルト (グラスビール)、ブドウジュースなどのドリンクが一杯つくセットで、特別料金で提供されます。手頃な値段なので、若者も仲間同士で数軒のバルをハシゴして楽しめます。

週末の楽しみ方

週末はゆっくり起きて、午前中から（といっても12時半頃）友達と出かけます。ピンチョと共にバスクのワイン・チャコリやリオハのワインなどを片手にまたまたハシゴ酒。だいたい15時頃までには帰宅し、家族とランチをしながら一週間のできごとについて報告し合います。食休みをとって少しのんびりしたら、20時頃再び友人と集い、美食倶楽部で一緒に夕食を作ったり、再びハシゴ酒に出かけたりします。サッカーシーズンはサッカースタジアムに直接足を運んだり、美食倶楽部でテレビの前に陣取って、ゲーム観戦を楽しんだりもします。

いつもハシゴ酒をするばかりではなく、気候の良い週末にはスポーツをして身体を動かすことも。山登りも愛好家がたくさんいますし、暖かい時期は海に出かけることも多いようです。

1〜5 サン・セバスティアンのバルの内外で、ピンチョスをつまみながら、ポテオやチキテオを楽しむ人々。

※ピンチョ (pintxo) はpinchoとも書き、1本の場合単数形のピンチョ、複数の場合をピンチョス (pintxos) となる。

ZUTABEA 09

世界中から料理人の卵が集まるバスクの料理学校

バスク地方の美食を支える大切な柱のひとつが料理学校です。現在、スペイン・バスクには公立の学校が3校、そして私立学校は中程度以上の規模のものが5校あります。この他に小規模のものまで含めると、人口に対してかなりの数になります。

公立の料理学校

公立学校はギプスコア県にはなく、ビスカヤ県にレイヨア（Leioa）とガルダカオ（Galdakao）の2校、アラバ県にガマラ（Gamarra）の1校があります。入学するためには選抜試験に合格しなければなりません。入学金や授業料はほとんどかかりませんが、コック服や包丁など個人的に使用する最低限のものは購入の必要があります。

私立の料理学校

私立学校はギプスコア県に多くあり、1967年にバスク地方出身の料理人のルイス・イリサル（Luis Irizar）がサラウツにスペイン3番目となる料理学校を開校、1992年にはサン・セバスティアンにも料理学校を開校させて世界的に知られています。またテレビの料理番組の司会を務めて人気を博したカルロス・アルギニャノ（Karlos Arguiñano）の主宰する学校も有名です。

また、ビスカヤ県にはアルチャンダ（Artxanda）、アラバ県にはエギビデ（Egibide）という学校があります。

専門学校の教育課程

かつては3年制でしたが現在では2年間で卒業するプログラム。最初の1年半は学校の授業を通して理論を学び、2年目の2～6月までは実地研修が義務づけられています。この研修はFCT（Formación Centros de Trabajo）と呼ばれ、それぞれの希望進路によって病院、ホテル、レストラン、学校など、受け入れ先で現場の仕事を通して学んでいきます。無事すべてのカリキュラムを終えるとTítulo Grado Superior de Cocinoという資格が取得できます。

設備は一般的な理論を学ぶ大きなキッチンのある教室のほかに、魚、肉、加工肉、野菜、パン、製菓などの専用教室、食料や調味料の在庫倉庫、大きな冷蔵室や冷凍室が完備されています。このほかにワインセラーやレストラン、バルなどもあり、地元の人や訪問客が一般のレストランのようにくつろいで楽しめるようにもなっています。各教室の室名札にバスク語とスペイン語が併記されているところがバスクらしい雰囲気を醸し出しています。

生徒の出身地は、地元バスクやスペイン国内はもとより、日本をはじめ、海外からも留学してきている学生が大勢います。

バスク・キュリナリー・センター

バスク・キュリナリー・センター（Basque Culinary Center）はスペイン政府、バスク州政府、ギプスコア県、サン・セバスティアン市からの支援で2011年9月に開校。欧州で初めての料理と食に特化した、世界でも珍しい料理専門の4年制大学です。世界中の有名料理人がプログラムに関わり、料理だけではなく、マネジメントや食科学まで幅広く学ぶことができます。

1 サン・セバスティアンの中心部から約20分の南部郊外に位置するバスク・キュリナリー・センター（スペインではクリナリーと発音）。
2 ガマラの料理学校。肉部門の教室で鶏1羽の解体を学ぶ生徒たち。筋肉のつき方を理解することが重要です。
3 基本のスペイン料理の他に中華やイタリア料理の授業も行われます。また、年に数回外部からの講師を招いて特別な授業が行われることも。これは和食の特別講座で熱心にメモを取る生徒と先生たちの様子。

ZUTABEA 10

バスクの伝統的な農家・カセリオ

バスク地方の伝統的な田舎の3階建て家屋カセリオは昔ながらのスタイルを守る美しい建物で、現在ではレストランや宿泊施設として使われることが多いようです。

カセリオとは

　バスク地方の郊外にある伝統的家屋をカセリオ (caserío) といいます。スペイン語では小さい集落や点在する農家を意味する言葉で、バスク語ではバシェリア (baserria) といい、語源的には森を表すbasoと集落を表すherriが合わさってできた単語のようです。ちなみにフランスでは単にメゾン・バスク (maison basque) と呼ばれます。比較的大きな建物で、大きいものでは1,000㎡もの面積があります。基本的には3階建てで、1階は納屋、牛舎、家畜小屋、牧草などの貯蔵庫、またはブドウなどの果汁の圧搾所として使われ、上層部2階は居住スペース、3階は穀物倉庫になっています。

　建築的特徴として、屋根は瓦葺き、外壁は切り石造りや石積み造りで、入口はアーチ型になっており、建物内側にオープンエアの広いポーチがあります。このポーチから家畜も人も出入りできるよう、直接居住スペースに繋がる階段が設置されていました。歴史は古く、500年ほど前から建てられていたそうです。

　かつては祖父母、両親、子ども達、独身の兄弟など大家族が共に暮らしており、仕事場と居住スペースが一体となった生活に便利なよく考えられた家屋です。

現在はレストランや宿泊施設に

　現在では農家として使われていないものも多く、改装してレストランやアグリツーリズムと呼ばれる、都市の人々が農場や農村でバケーションを過ごす際の宿泊施設として利用されています。歴史を感じさせる重厚な作りがとても良い雰囲気でおしゃれです。宿泊施設として利用される場合、1階には暖炉のあるサロンや食堂はもちろんのこと、宿泊者の利用できるキッチンや居心地の良い居間も用意されています。2階はダブルやツインの部屋、3階はアパートメント形式で長期滞在にも対応できるようになっている施設もあります。

　放牧されている羊が草を食んでいる様子や深い緑の山々など、窓からのどかな田園風景を眺めて、のんびり滞在するのもバスクならではの醍醐味かもしれません。

1 ビルバオ郊外エチャノのアグリツーリズムの宿泊施設。一家で経営するペンションはとてもアットホームで居心地が良い。
2 お洒落な一軒家レストラン・ボロア (Boroa)。
3 今も住居として使われているカセリオもある。
4 アモレビエタのレストラン・ハウレギバリアはテラス部分を増築。外壁がレストランの内装となり、洒落た佇まい。
5 アモレビエタが管理するカセリオ。1階はレストラン・ハウレギバリア、2、3階はバスク自治州のエコロジカル食品管理局のオフィス。

Text & Photo : Konari Fukiko

Ipar Euskal Herrio
errezetak

…

フランス・バスクの
レシピ

フランス領のバスク地方に伝わる料理を
広く愛される一般的な家庭料理から、
季節料理、各地で継承される伝統料理まで。
和田直己シェフのオリジナルアレンジも加えて
日本でも再現可能なレシピを厳選してご紹介します。

Photo : Saint Jean Pied de Port / Sugawara Chiyoshi

基本のソース／スープ・ストック（だし汁）

A Jus de volaille
ジュー・ドゥ・ヴォライユ

鶏のスープ・ストック

材料（約2ℓ分）

鶏ガラ … 2kg	ニンニク（皮付き）… 2株
玉ネギ … 1個	トマトペースト … 30g
人参 … 1本	タイム … 1房　水 … 7ℓ
セロリ … 2本	ローリエ … 2枚　オリーブオイル…適量

作り方

1. ぶつ切りした鶏ガラを250℃に熱したオーブンで約30分焼く。
2. 平鍋にオリーブオイルをひき、横割りにしたニンニクを入れて炒め、香りを出す。
3. 玉ネギ、人参、セロリは角切りにして炒め、トマトペーストを入れ、1の焼いた鶏ガラを加え、水を入れる。
4. タイムとローリエを加えて、アクを取りながら弱火で5時間ほど煮込む。
5. ムーラン（裏ごし器）でにごらないように静かに裏ごしする。

※Fond de veau／フォン・ドゥ・ヴォーは仔牛のだし汁。鶏ガラの代わりに仔牛の骨を入れ、10時間〜2日間ほど煮込む。

B Fond blanc
フォン・ブラン

ホワイト・スープ・ストック

材料（約3ℓ分）

鶏ガラ …… 3kg	ニンニク（皮付き）…… 3株
玉ネギ …… 1個	タイム …… 1房
人参 …… 1本	ローリエ …… 2枚
セロリ …… 2本	水 …… 7ℓ

作り方

1. 血合いを取った鶏ガラと水を寸胴鍋に入れ、沸かし、アクをとる。
2. 大きめに切った玉ネギ、人参、セロリ、ニンニク、タイム、ローリエを入れ、弱火で約6時間煮込む。
3. パソワ（こし器）でにごらないように静かに裏ごしする。

C Fumet de poisson
フュメ・ドゥ・ポワソン

魚介のスープ・ストック

材料（約2ℓ分）

魚アラ …… 2kg	タイム … 1房	水 …… 5ℓ
玉ネギ …… 1個	ローリエ … 2枚	オリーブオイル
セロリ …… 1本	白ワイン … 100㎖	…… 適量
ニンニク（皮付き）…… 2株		

作り方

1. 洗って血抜きをしたアラは水をきっておく。
2. 平鍋にオリーブオイルをひき、横割りにしたニンニクを入れて炒め、香りを出す。
3. 2に1のアラを加えて炒め、白ワインを入れ、アルコールをとばす。
4. 3に水を入れて沸かし、スライスした玉ネギとセロリ、タイムとローリエを加え、弱火で約4時間煮て、ムーラン（裏ごし器）でにごらないように静かに裏ごしする。

D Sauce Piperade
ソース・ピペラード

ピペラードソース

材料（約2ℓ分）

生ハムくず …… 150g	ニンニク（皮付き）…… 3株
ホールトマト（缶詰）… 1.5ℓ	タイム …… 1房
玉ネギ …… 2個	ローリエ …… 2枚
人参 …… 1本	水 …… 1ℓ
セロリ …… 2本	オリーブオイル …… 適量

作り方

1. 平鍋にオリーブオイルをひき、横割りにしたニンニクを入れて炒め、香りを出す。
2. 生ハムを入れ、角切りにした玉ネギ、人参、セロリを炒め、ホールトマト、水を入れ、タイムとローリエを加えて弱火で4時間ほど煮込む。
3. ムーラン（裏ごし器）で裏ごしする。

Ipar Euskal Herria
...
Kostaldeko errezetak

フランス・バスク
海バスクのレシピ

Photo : Hendaye / Sugawara Chiyoshi

Croquettes de morue
クロケット・ドゥ・モリュー

タラのバスク風コロッケ

バスク料理には欠かせないタラのコロッケ。
塩加減が絶妙で、クセになる美味しさの定番の一品。

シェフのひとこと
バスクで働いていた時の思い出の料理のひとつで、まかないでもよく食べていました。

材料（20個分）

ブアダラ …… 500g
玉ネギ …… 300g
ニンニク（みじん切り）…… 40g
卵 …… 1個
パン粉 …… 50g
パセリ（みじん切り）…… 20g
オリーブオイル・揚げ油 …… 適量
薄力粉・溶き卵・パン粉 …… 適量

作り方

1 タラは手で細かくちぎり、水気をきっておく。
2 平鍋にオリーブオイルを熱し、スライスした玉ネギを入れ、蓋をして水分を出す。
3 ニンニクは別の小鍋でひたひたのオリーブオイルで熱し、黄金色にしておく。
4 2の玉ネギの水分が出てきたら蓋を外して蒸発させ、1のタラと、3のニンニクを合わせ、卵、パン粉、パセリを加え、弱火で混ぜながら水分が残らないように仕上げてから冷ます。
5 4を食べやすい大きさに丸めて冷凍する。
6 固まったら粉をまぶし、溶き卵にくぐらせ、パン粉をまぶし、230℃に熱した油で揚げる。
7 仕上げにパセリ（分量外）をふりかけて盛り付ける。

Sardines marinées au vinaigre blanc
サルディーヌ・マリネ・オ・ヴィネーグル・ブラン

真イワシの酢漬け

酸っぱさが絶妙な、スペインのピンチョスに似ている小皿料理。
仕上げにはパセリのみじん切りをかけても。

材料(1人分)

真イワシ …… 2尾
白ワインヴィネガー …… 60㎖
オリーブオイル …… 30㎖
ニンニク(スライス) …… 1片
粗塩 …… 適量
ピマン・デスペレット(粉末) …… 適量

作り方

1 イワシは3枚におろし、粗塩とニンニクをまぶして、約4時間おく。
2 カスエラ(耐熱陶器皿)に白ワインヴィネガーとオリーブオイルを入れ、イワシを並べて200℃のオーブンで15分焼く。
3 盛り付けたらピマン・デスペレットをふる。

モリュー・オ・ピルピル

▶ スペイン・バスクの類似レシピは**P34**参照

Morue au pil-pil

モリュー・オ・ピルピル

タラのピルピル

バスクの代表的な料理。低温のオリーブオイルで具材にじっくりと火を入れ、そのエキスで乳化させたオリーブオイルをそのままソースとして食べるもの。

材料(6人分)※写真は1人分

ブアダラ …… 1kg	タイム …… 4房
玉ネギ …… 1/2個	オリーブオイル …… 適量
セロリ …… 1/2本	白インゲン煮(缶詰) …… 適量
クローブ(チョウジ) …… 6本	チョリソー …… 30g
粗塩 …… 20g	バター …… 適量
ニンニク(スライス) …… 適量	

作り方

1 タラは鱗をおとし、尾びれから10cmまで切る。身の部分の表面にクローブを刺し、粗塩を両面にふり、玉ネギ、セロリの千切りとタイム(2房分)と一緒に約8時間おく。

2 1を約3時間塩抜きをしてから水分を取り、ニンニクとタイム(2房分)をまぶし、ひと晩おく。

3 カスエラ(耐熱陶器皿)にオリーブオイルを入れて65℃くらいの低温に温め、2のタラを入れて火を入れる。

4 火が入ったらタラを取り出し、分離して上に浮かんだオリーブオイルをすくい取り分け、白い煮汁はカスエラに残しておく。

5 弱火でカスエラを温め、煮汁が沸いてきたら4のオリーブオイルを少しずつ戻す。

6 乳化が始まり、もったりしたら火から外しておく。

7 別のフライパンで白インゲンとチョリソーの千切りをバターで温める。

8 皿に温め直した4のタラ、7の白インゲンを盛り、5の乳化したピルピルソースをかけて、7のチョリソーを散らし、ニンニクのスライスを揚げたニンニクチップを添える。

シェフのひとこと

オリーブオイルを乳化させていくと、最初は透明だったオイルが白くとろっとしたソースに変化します。その優しい味にほんのリニンニクをきかせたソースがタラの塩味と合います。バスクでシェフ・アランビッドさんから受け継ぎ、ずっと守っていきたい伝統の味です。ニンニクのスライスを揚げたものを添えると味が引き立ちます。好みでパセリのみじん切りをかけても。

Gratin de morue aux endives
グラタン・ドゥ・モリュー・オ・ザンディーヴ

タラとアンディーヴのグラタン

アンディーヴは温めて調理すると美味しく、
冬にはグラタンによく入れる。

シェフのひとこと
味の決め手は牛乳と魚のだ
し汁です。仕上げはピマン・
デスペレットをかけても。

材料（2人分）

- ブアダラ …… 150g
- 小エビ …… 6尾
- アンディーヴ（チコリ）…… 1株
- マッシュルーム、ホウレン草、
  緑ピーマン、トマトコンカッセ …… 各適量
- 塩、片栗粉、バター …… 各適量
- フュメ・ドゥ・ポワソン（P115参照）
  …… 50㎖
- 牛乳 …… 50㎖
- 白インゲン煮（缶詰）…… 50g
- チョリソー …… 20g
- ピキージョ（スライス）、タイム …… 各適量
- グリュイエールチーズ …… 30g

作り方

1. タラは塩、片栗粉でもみ、10分ほどおいてから洗い、牛乳とフュメ・ドゥ・ポワソンを沸騰させないように気をつけながら弱火で7分くらい煮て、タラに火を通す。タラを取り出し、少し沸騰させてから分離しないよう沸かし過ぎないようにしながら3分ほど煮る。
2. 小さめの平鍋にバターをひき、ひと口大に切ったマッシュルーム、ホウレン草、緑ピーマンとトマトコンカッセ、縦4等分にしたアンディーヴを弱火で約10分炒める。
3. 2に1のタラの煮汁を入れ、白インゲン、チョリソーを加えて汁を濃縮させてからタラを戻し、エビも入れて、からませてからカスエラ（耐熱陶器皿）に盛り付ける。
4. 3にピキージョとグリュイエールチーズのみじん切り、タイムを順番にのせ、250℃に熱したオーブンで10分焼く。

Terrine de thon
テリーヌ・ドゥ・トン

マグロのテリーヌ

バスクでも好まれるマグロを使った、秋から冬にかけてよく食べるテリーヌ。
中に詰める具の水分をよく抜くのがポイント。

シェフのひとこと
バスク滞在中に衝撃を受けた一品です。

材料（5人分）※写真は1人分

- マグロ赤身 …… 200g
- 玉ネギ …… 1/2個
- トマト …… 3個
- ピキージョ …… 10個
- 塩コショウ …… 適量
- フュメ・ドゥ・ポワソン（P115参照） …… 300㎖
- ゼラチン …… 5g
- グリーンオリーブ …… 50g
- トマトコンカッセ、ギンディージャ …… 適量

作り方

1. マグロは塩コショウをふり、フライパンで軽く焼き色をつける。
2. 玉ネギはスライスして、小鍋で火を入れる。
3. トマトは湯むきをして種を取り、みじん切りにして2の鍋に入れ、フュメ・ドゥ・ポワソンを加えて弱火で約10分煮て、水（分量外）で戻したゼラチンを入れる。
4. テリーヌ型にピキージョの半量を敷き詰め、3の粗熱がとれたらテリーヌ型に半分注ぐ。
5. 4にオリーブの半量を敷き詰め、棒状に切った1のマグロを並べ、隙間と上に残りのオリーブを並べ、3の残りを注いで、残りのピキージョで蓋をする。
6. 軽く重しをしてひと晩寝かせる。
7. 切り分け、トマトコンカッセとギンディージャを添える。

ソーモン・アン・クルート

Saumon en croûte

ソーモン・アン・クルート

アトランティックサーモンのパイ包み オランデーズソース添え

春先に出始めるサーモンをグリエにしてパイで包み、
温製マヨネーズ（オランデーズ）ソースでいただく料理。

材料（2人分）

アトランティックサーモン …… 200g
パイシート …… 60g×2
ホウレン草 …… 40g

<オランデーズソース>

卵黄 …… 2個
エシャロット …… 20g
白ワイン …… 100㎖
澄ましバター …… 50g

作り方

1 サーモンは焼き色をつけ、さっと熱湯で茹でたホウレン草と一緒に、伸ばしたパイで包み、葉の形に整える。
2 230℃に熱したオーブンで約13分焼く。

<オランデーズソース>

1 片手鍋にみじん切りしたエシャロットを入れ、白ワインを注いで煮詰める。
2 1をボールに移して、卵黄を加えて湯煎にかけ、とろりとするまで泡立て器で混ぜる。澄ましバター（ブールクラリフェ）を少しずつ加え、もったりするまで混ぜて仕上げる。

Rougets poêlés à la sauce kokotxa
ルージェ・ポアレ・ア・ラ・ソース・ココチャ

ヒメジのポアレ、ココチャのソース添え

ココチャはタイやメルルーサのアゴ肉で、1匹からわずかしか取れない。
ヒメジはメダル形に盛り付けて。春先によく食べるホワイトアスパラガスと一緒に。

シェフのひとこと
11月の下旬から2月上旬頃にかけて、北海道産のタラのホホ肉が手に入るのでそちらで代用しています。

材料（2人分）

- ヒメジ（フィレ）…… 2枚
- タラのホホ肉 …… 50g
- チョリソー …… 30g
- フュメ・ドゥ・ポワソン（P115参照）…… 50㎖
- トマトコンカッセ、パセリ …… 適量
- バター、薄力粉、塩コショウ …… 適量
- ホウレン草 …… 適量
- ホワイトアスパラガス …… 2本

作り方

1. ヒメジは塩コショウして皮面に薄力粉をまぶし、フライパンでバターでソテーする。
2. 1のヒメジを取り出し、ココチャを入れ、チョリソーのみじん切り、フュメ・ドゥ・ポワソン、トマトコンカッセ、パセリを入れ、バターで仕上げる。
3. 付け合わせのホウレン草は、茹でてから氷水にさらし、バターでソテーにする。皿に盛り付け、茹でたホワイトアスパラガスも添えてヒメジをのせ、2のソースをかける。

Merlu et palourdes à la basquaise
メルル・エ・パルルド・ア・ラ・バスケーズ

メルルーサとアサリのバスク風

本来はメルルーサを使うが、日本では美味しいメルルーサが手に入りにくいので味が似ているスケソウダラで代用する。

シェフのひとこと
根セロリのピューレを添えると最高です。

材料（2人分）

スケソウダラ（フィレ）…… 2枚
アサリ …… 100g
フュメ・ドゥ・ポワソン（P115参照）
　…… 50㎖
ニンニク（みじん切り）…… 2g
白ワイン、薄力粉、オリーブオイル、
塩コショウ …… 適量
バター …… 5g
ピキージョ …… 適量

作り方

1. タラに塩コショウして薄力粉をまぶし、オリーブオイルをひいたフライパンでソテーする。
2. 焼き色がついたら取り出し、230℃に熱したオーブンで5分焼く。
3. 1のフライパンに、ニンニクのみじん切りを入れ、アサリを加えて白ワインでフランベする。
4. 開いたアサリを取り出し、フュメ・ドゥ・ポワソンを入れ、バターで仕上げる。
5. タラとアサリを盛り付け、ピキージョの粗みじん切りをのせる。

チョロ

▶ スペイン・バスクの類似レシピは **P50参照**

Ttoro
チョロ

バスク風魚介スープ

バスクの代表的な豪華で魚介のスープ料理で、ボリュームたっぷりの一品。
仕上げ方は様々にアレンジできる。バスク語でTxoroとも。

材料(15人分)※写真は2人分

魚介類 …… 適量	玉ネギ …… 2個
キントア豚背脂 …… 50g	セロリ …… 1本
ニンニク …… 2株	タイム …… 1束
生ハムくず …… 200g	ローリエ …… 2枚
魚のアラ …… 500g	ピキージョ(スライス)、
トマトペースト …… 30g	ピマン・デスペレット(粉末) …… 各適量

作り方

1 大きめの平鍋を熱し、背脂、半割りにしたニンニクを入れて香りを出し、生ハムを加える。
2 弱火で15分ほど炒めたら、血合いを取った魚のアラを入れ、トマトペーストを加えてなじませる。
3 ひたひたの水(分量外)を入れ、スライスした玉ネギとセロリを加えて沸かす。
4 タイムとローリエを入れて蓋をし、5時間ほど弱火で煮込む。
5 魚介類を入れ、煮込んで硬くなりすぎないように、さっと火が通ったら火から下ろす。
6 皿に盛り付け、ピキージョ、ピマン・デスペレットをかける。

シェフのひとこと

魚介類は、その時々の旬の鮮魚、エビ、イカ、ホタテ、ムール貝などをどうぞ。現地ではスズキ、メルルーサなどを使うことが多く、サン＝ジャン＝ド＝リュズの郷土料理です。レストランのメニューにはなかったですが、『オテルデピレネー』のアランビッドシェフが教えてくれた一皿で、この味をぜひ日本に伝えたいと思いました。近所のバスク人の集まりに頼まれて作っていたケータリング料理のひとつであり、大量にドン、と作って皆でいただくのにぴったりです。

Ttoro Errezetak

Huîtres chaudes aux œufs de saumon
ユイートル・ショード・オ・ズ・ドゥ・ソーモン

温製生牡蠣とカリフラワーのグラタン

どこでも手に入る材料で作れるが、古すぎて今のフランスでは出されないのが
もったいない冬の定番料理。カリフラワーの軽さが絶妙。

材料（5人分）※写真は1人分

- 生牡蠣 …… 10個
- 玉ネギ …… 1/2個
- カリフラワー …… 1/2個
- ホウレン草 …… 1/2束
- フュメ・ドゥ・ポワソン（P115参照）
  …… 200㎖
- バター …… 5g
- 薄力粉 …… 30g
- 牛乳 …… 200㎖
- 生クリーム …… 50㎖
- 卵黄 …… 1個
- グリュイエールチーズ（みじん切り）
  …… 50g
- イクラ …… 適量

作り方

1. フュメ・ドゥ・ポワソンを沸かし、殻から外した牡蠣を入れて、軽く火を入れる。
2. 別の平鍋にバターとスライスした玉ネギを入れ、ソテーし、薄力粉を加えてなじんだら1のフュメ・ドゥ・ポワソンを少しずつ入れる。
3. 2に、別鍋で温めた牛乳を注ぐ。小房に分けて別鍋で茹でたカリフワラーを加えて煮詰め、生クリームを注いで、ジューサーにかける。卵黄を加え、泡立て器でふんわり混ぜる。
4. カスエラ（耐熱陶器皿）に牡蠣をのせ、茹でたホウレン草をかぶせ、3をかけてグリュイエールチーズをふり、250℃に熱したオーブンに10分入れ、焼き色をつける。
5. 殻に盛り付け、イクラをのせる。

シェフのひとこと
日本になじみの深い食材の、相性の良さに驚いた料理です。

Chipirons à la plancha
シピロン・ア・ラ・プランチャ

ヒイカの鉄板焼き

クセになる美味しさの小皿料理で、フランスでもピンチョスのように食べる。
チャコリ（バスクの白ワイン）との相性は抜群。

シェフのひとこと

ア・ラ・プランチャは鉄板焼きの意味でバスク地方でよく登場する調理法。ここではフライパンで代用しているができれば鉄板で焼く。

材料（5人分）※写真は2人分

- ヒイカ（子ヤリイカ）…… 500g
- ニンニク（みじん切り）…… 5g
- 緑ピーマン …… 2個
- オリーブオイル、塩 …… 各適量
- 茹で野菜（ブロッコリー、キノコ、芽キャベツ、サヤエンドウ）…… 適量
- トマトコンカッセ …… 1/2個分
- ピキージョ（スライス）…… 2個分
- ピマン・デスペレット（粉末）…… 適量

作り方

1. イカは薄皮をむき、目の中心の堅いところや口ばし、背わた、軟骨、ゲソを取り除いて洗う。
2. フライパンにオリーブオイルを熱し、ニンニク、1、ピーマンを入れ、塩をひとふりして炒める。
3. 半分くらい火が入ったら、塩茹でにした野菜、トマトコンカッセも加え、ピキージョを入れて盛り付け、仕上げにピマン・デスペレットをふる。

Chipirons à l'américaine
シピロン・ア・ラメリケーヌ

ヤリイカのアメリケーヌソース煮

バスクの名物、小さいイカ「シピロン」とエビの殻を炒めて作った
アメリカンソース（ソース・アメリケーヌ）で煮込んだ定番料理。

シェフのひとこと

アメリケーヌソースの代わりにフュメ・ドゥ・ポワソンとイカスミで煮ても美味しいです。

材料（5人分）※写真は2人分

ヤリイカ …… 500g
玉ネギ …… 1/2個
ニンニク（みじん切り）…… 10g
卵 …… 1個
パセリ（みじん切り）…… 10g
パン粉 …… 50g
アメリカンソース（市販）
　…… 約700㎖
ピキージョ（スライス）…… 適量

作り方

1 イカはゲソを外し、墨や内蔵を取り除いて洗い、薄皮をむいて胴体の両脇に付いているミミと一緒にして別に取っておく。目や口ばし、軟骨は除いて洗っておく。

2 玉ネギはみじん切りにして平鍋でニンニクと一緒に弱火で炒める。

3 2にゲソとミミを加えて火を通し、冷ます。

4 冷ました3をみじん切りにして卵、パセリ、パン粉と混ぜる。

5 4を1のイカの胴体に詰め、楊枝でとめる。

6 イカを鍋に並べ、アメリカンソースを浸かる手前まで注ぎ、落とし蓋をして弱火で約1時間煮る。

7 火が入ったらイカを取り出し、煮汁を煮詰める。

8 7の煮汁とイカを盛り付け、ピキージョを飾る。

Poulpes à l'encre
プルプ・ア・ランクル

イイダコのスミ煮

スーパーで売られているクオリティの高い缶詰を再現した小皿料理。

材料(8人分)※写真は2人分

イイダコ …… 1kg
玉ネギ …… 1個
人参 …… 1/2本
セロリ …… 1/2本
ニンニク …… 30g
生ハムくず …… 100g
トマトペースト …… 30g
イカスミ …… 50g
パセリ（みじん切り）、
ピマン・デスペレット（粉末）…… 適量

作り方

1 寸胴鍋（深鍋）に、ニンニク、玉ネギ、人参、セロリ、生ハム、トマトペースト、水（分量外）を浸かるくらい入れ、蓋をして弱火で約2時間煮込む。
2 1を裏ごししたものに湯通したタコを入れ、蓋をして3時間ほど弱火で煮込む。
3 濃度を水などで調整しながら煮汁を煮詰め、イカスミを入れ、濃度をみながら味を調える。
4 仕上げにパセリのみじん切りとピマン・デスペレットをふる。

Tourteaux gratinés
トゥルトー・グラティネ

カニのグラタン

本来このグラタンに使うトゥルトーは大西洋岸で捕れる毛ガニの一種で、濃厚な味で甘味が強く歯ごたえがあるカニ。

シェフのひとこと
フランスの高級レストランで出していた忘れられない一品です。

材料（5人分）※写真は1人分
- 毛ガニもしくはズワイガニフレーク …… 500g
- ニンニク（みじん切り）…… 5g
- 玉ネギ …… 1個
- 卵黄 …… 2個
- 薄力粉 …… 10g
- 白ワイン …… 50㎖
- フュメ・ドゥ・ポアソン（P115参照）…… 200㎖
- カネロニ（乾燥）…… 10本
- 茹でたホウレン草 …… 100g
- グリュイエールチーズ …… 100g
- オリーブオイル、塩 …… 適量

作り方
1. カニは手でほぐしておく。
2. 平鍋にオリーブオイル、ニンニクと玉ネギのスライスを入れて蓋をし、弱火で炒める。
3. 水分が出たら蓋を外し、薄力粉を入れて、粉な気をとばし、白ワインを入れて煮詰めてからフュメ・ドゥ・ポワソンを加え、さらに煮詰めてとろみをつける。
4. カニと卵黄を入れて混ぜ、茹でたカネロニに詰める。
5. 4にグラタン皿に並べて茹でたホウレン草とグリュイエールチーズをのせ、250℃に熱したオーブンで10～15分、焼き色をつける。

Piquillos farcis au crabe
ピキージョ・ファルシ・オ・クラブ

ピキージョのズワイガニ詰め

本来はバカラオをほぐした身をピキージョに詰める、
バスクの代表的な料理。

> **シェフのひとこと**
> バスクの修業時代に考えた
> オリジナル料理です。

材料（10人分）※写真は1人分

- ズワイガニフレーク …… 500g
- 玉ネギ …… 1/2個
- 卵 …… 2個（溶き卵用）
- パン粉 …… 50g
- パセリ …… 30g
- ピキージョ …… 20個
- オリーブオイル、薄力粉、塩、砂糖
  …… 適量
- 卵 …… 1個
- <ピキージョソース>
- ピキージョ …… 50g
- エシャロット …… 30g
- フュメ・ドゥ・ポワソン（P115参照）
  …… 250㎖

作り方

1. 小さい片手鍋にオリーブオイルを熱して、薄くスライスした玉ネギを入れて蓋をし、弱火で15分くらい水分を出すようにして炒める。
2. カニフレークは手でほぐし、パセリはみじん切りにしておく。
3. 1の蓋を外し、軽く水分を飛ばしてから2のカニを入れ、溶いた卵、パン粉、パセリを加えて混ぜる。
4. 中の種を取ったピキージョに、3を8分目まで詰め、両面に塩、砂糖をふり、薄力粉をまぶして卵をくぐらせ、別鍋でオリーブオイルを熱して焼き色をつける。
5. ピキージョソースはスライスしたピキージョとエシャロットを炒め、フュメ・ドゥ・ポワソンを加えてハンドミキサーで混ぜ、煮詰める。
6. 4に、5のソースをかけて盛り付ける。

▶ スペイン・バスクの類似レシピは **P33参照**

ガンバス・グリエ・オ・ピキージョ

Gambas grillées aux piquillos

ガンバス・グリエ・オ・ピキージョ

ガンバスのグリエ ピキージョ仕立て

ガンバスと呼ばれるエビはバスクではよく食卓に並ぶ。
暖かい季節に食べたくなるカラフルで彩りの良い料理。
チャコリ（バスクの白ワイン）と合わせて。

材料（2人分）
ガンバス（有頭ブラックタイガーエビ）…… 4尾
赤、黄パプリカ、緑ピーマン …… 各1/3個
ブロッコリー …… 適量
ドライトマト …… 30g
ピキージョ …… 30g
塩、砂糖、黒コショウ、オリーブオイル …… 適量
ピマン・デスペレット（粉末）…… 適宜

作り方
1 エビは身の部分の殻を外し、背わたを取っておく。
2 パプリカと緑ピーマンは火で皮面を焼き、氷水で冷まし、洗って中の種を取って水気をきり、両面に塩と砂糖を軽くまぶしてひと晩おく。
3 エビに塩と黒コショウをふったものと、2のパプリカと緑ピーマンを網焼きにする。
4 塩茹でしたブロッコリー、ドライトマトとピキージョの千切りをオリーブオイル少々で和える。
5 皿に3のエビとパプリカと緑ピーマンを盛り付け、4をのせ、ピマン・デスペレットをふりかける。

シェフのひとこと
付け合わせの野菜は季節に合わせてなんでもよいです。

Raviolis aux langoustines et au caviar
ラヴィオリ・オ・ラングスティーヌ・エ・オ・キャヴィア

手長エビのラヴィオリ キャヴィアソース添え

エビの旨味を存分に引き出している料理。

材料（2人分）
- 手長エビ …… 4尾
- エシャロット、パセリ、塩 …… 適量
- ラヴィオリの生地（P181参照）…… 4個分
- ムール貝汁 …… 30㎖
- 生クリーム …… 100㎖
- バター …… 適量
- キャヴィア …… 10g
- 溶き卵 …… 適量

作り方
1. エビは殻を外し、身の部分に、塩、エシャロット、パセリのみじん切りをまぶしておく。
2. ラヴィオリの生地を薄くのばし、1個ずつまとめる。溶き卵を塗って1のエビを挟み、丸く形取る。
3. 2を約12分茹でて取り出す。
4. 平鍋にムール貝汁を入れ、生クリームを加えて煮詰め、バターで仕上げる。
5. 3のラヴィオリに4のソースをかけ、キャヴィアをのせる。

シェフのひとこと
ムール貝汁は、ムール貝を白ワインで煮込んだ時に出るもので、フュメ・ドゥ・ポワソンでも代用できます。

Fricassée de homard aux champignons
フリカッセ・ドゥ・オマール・オ・シャンピニヨン

オマールエビとキノコのフリカッセ

オマールエビはカナダ産よりもブルターニュ産の方が
甘味が強いのでおすすめ。

材料（1～2人分）

オマールエビ ‥‥‥ 1匹
キノコ（マッシュルームなど3種類）
　‥‥‥ 適量
茹で野菜（ブロッコリー、芽キャベツ、
インゲン）‥‥‥ 適量
ジュー・ドゥ・ヴォライユ（P115参照）
　‥‥‥ 100㎖
生クリーム ‥‥‥ 20㎖
薄力粉、バター、塩コショウ ‥‥‥ 適量
トマトコンカッセ ‥‥‥ 30g
キャヴィア ‥‥‥ 適量
オリーブオイル ‥‥‥ 適量

作り方

1 エビは塩コショウをふり、薄力粉をまぶして、少し多めのバターでソテーする。
2 エビを取り出し、足りなければオリーブオイルを適宜足してキノコ類をソテーする。
3 2にジュー・ドゥ・ヴォライユを入れて煮詰め、生クリームを加える。
4 3に塩茹でした季節の野菜を入れて2のエビを戻し、温める。
5 盛り付け、仕上げにトマトコンカッセとキャヴィアをのせる。

シェフのひとこと
付け合わせの塩茹で野菜はカリフラワー、スナップエンドウでも。

ZUTABEA 11

地域別に見る バスクの食&文化 フランス・バスク

北バスクとも呼ばれるフランス領バスクは、現在はピレネー＝アトランティック県に含まれる地域です。歴史的、文化的な自然区分として3地域ありますが、行政体ではありません。美しい砂浜や素朴な農村部が魅力の観光地、特産品などご当地事情を紹介します。

バス＝ナヴァール Basse-Navarre
（バスク語：ナファロア・ベヘラ Nafarroa Beherea）

　バス＝ナヴァールは、フランス・バスク旧3州の真ん中に位置する地方。フランス語で"低ナヴァール"、スペイン語で"低ナバーラ"の地名が意味するとおり、旧ナバーラ王国の一部に含まれていた地域です。巡礼の町サン＝ジャン＝ピエ＝ド＝ポー以外は、さほどメジャーな観光地もないコミュニティでしたが、近年は"幻の豚"と呼ばれるバスク豚の純血種、ピ・ノワール・デュ・ペイ・バスク（Pie Noir du Pays Basque）の産地として脚光を浴びる存在に。キントア（Kintoa）の別名も持つバスク豚は、サン＝ジャン＝ピエ＝ド＝ポーにもほど近いアルデュード渓谷の牧草地が生育地。大自然の中で放牧され、栗やドングリの実を餌にのびのびと育ちます。肉はジューシーな旨味、上品な脂の甘味があり、いまや星付きレストランのシェフからも指名がかかるブランド豚に。

　また、スペインとの国境にある村ビダライには、2000年代にフランス料理界の巨匠、アラン・デュカス（Alain Ducasse）のプロデュースによるオーベルジュやレストランが開業。美食の村として、食通の間で注目を集めています。

　ワインの産地イルレギ（P198参照）でも重要な地域です。

● ベアルン地方
巡礼の地でもある、オロロン＝サント＝マリーが中心都市。フォワグラやチーズ、ワインの生産地としても知られる。バスク織の工房も多く、ベレー帽発祥の地でもある。バスク語圏であったこともあり、バスク文化の影響が色濃くみられる地域。

1　巡礼の町サン＝ジャン＝ピエ＝ド＝ポー（サン＝ジャン＝ピエ＝ド＝ポールとも）の街並み。
2　キントア豚とドングリの木。

スール Soule（バスク語：スベロア Zuberoa）

　フランス、スペインを含むバスク7領域の中で最も人口が少なく、ひなびた山バスクの雰囲気を色濃く残す地方。それが、バスク語で"スベロア"とも呼ばれるスールです。中心都市は、大西洋から100kmほど内陸に位置する小さな町、モレオン＝リシャール。ジュート編みのサンダル、エスパドリーユ(espadrille)の発祥地です。

　スールは、民俗劇が盛んなことでも知られる地方。カーニバルの時期になると、村々で仮装劇"スベロアコ・マスカラーダ"が村民自らによって上演され、華やかな衣装に身を包んだ役者たちが行列を繰り広げます。

　お祭りに欠かせないのは、トウモロコシの粉で作る薄焼きパン、タロア(taloa)に、炭火焼きの肉やソーセージを挟んで食べるファストフード風のサンドイッチ。鶏肉の煮込み料理「プーレ・バスケーズ(poulet basquaise)」や「ペピラード」など、唐辛子の辛味と旨味を調味料に使う料理は、スールでも定番の家庭料理として愛されています。

ラブール Labourd（バスク語：ラプルディ Lapurd）

　バイヨンヌ、ビアリッツ、サン＝ジャン＝ド＝リュズなど、ビスケー湾に沿って美しいリゾート地が点在するラブール。ストライプ柄のテーブルリネンやラウブル柄の食器など、フランス・バスクらしいお洒落な雑貨の宝庫ですが、食の充実度でも人気を集めるエリアです。

　中心都市のバイヨンヌは、いわずと知れた生ハム、ジャンボン・ド・バイヨンヌ(jambon de bayonne)の名産地。バランスのとれた塩加減と繊細な旨味が持ち味です。内陸部のエスペレット（エスプレットとも）は、原産地呼称AOPの認定も受けている赤唐辛子、ピマン・デスペレット(Piment d'Espelette)が特産品。赤い木組みの民家の軒先に唐辛子が吊るされている風景は、エスペレットの風物詩です。唐辛子ではあっても、辛味はあまり強くなく、コクのある旨味が特徴。ニンニク、玉ネギ、トマトなどの野菜と卵を炒め煮にする「ピペラード(piperado)」、仔牛や仔羊の挽肉を煮込む「アショア(axoa)」など、フランス・バスク伝統の家庭料理全般に欠かせない調味料でもあります。

　エスペレットの隣町のイツァスーはダークチェリーが有名。熟した実で作るジャムは、郷土菓子のガトー・バスクの生地に挟んだり、羊乳チーズ、オッソー・イラティ(Ossau-Iraty)に添えたりと、様々なアレンジが楽しめます。

3 ジュート編みのサンダル、エスパドリーユ。4 バイヨンヌの街に流れるラ・ニーヴ(La Nive)沿いの街並み。5 バスクのチーズ、ブルビチーズに黒サクランボジャムをつけて食べるのがバスク流。6 バイヨンヌはフランスに初めてメキシコからチョコレートが入ってきた土地。製菓産業も盛んです。こちらはBouquet de chocolats。7 エスペレット唐辛子柄の入ったバスクリネンの土産物がたくさん売られている。8 ビアリッツのビーチ。バスクリネンのストライプのパラソルが並ぶのが特徴。9 名産品がたくさん並ぶサン＝ジャン＝ド＝リュズの店。10 エスペレット村ののどかな風景。11 国境にある山、ラ・リュンヌ。12 国境の港町、アンダイエ。

Text : Horikoshi Noriko,
Photo : 1. / Sugawara Chiyoshi, 2. / Hijikata Rie, 10.12. / Uenishi Mitsu, 3.6.7. / Miyane Yumiko, 4.5.8.9.11. / Miyane Yasuaki

Ipar Euskal Herria
・・・
Barrualdeko errezetak
フランス・バスク
山バスクのレシピ

ピペラード

Piperade

ピペラード

南仏野菜と生ハムのグラタン ポーチドエッグ添え

ピペラードは、バスクの代表的な料理で様々なバリエーションがある。
こちらでは生ハム（オライザ社の白豚）とポーチドエッグを加えてシンプルに。

材料（5人分）※写真は1人分

- ズッキーニ …… 1本
- ナス …… 3本
- パプリカ赤・黄 …… 各1個
- ピペラードソース（P115参照）…… 500㎖
- 卵 …… 5個
- 生ハムスライス …… 10枚
- オリーブオイル、塩 …… 適量

作り方

1. ズッキーニを2㎝幅の輪切り、ナスとパプリカをさいの目切りにし、オリーブオイルと塩でフライパンで別々に炒める。
2. 炒めた野菜を合わせ、ピペラードソースを加え、水分がなくなるまで弱火で煮込んでラタトゥイユを作る。
3. 卵が浸かるくらいの水に塩と酢（分量外）を少し入れ、沸いたところに新鮮な卵を割り入れ、弱火で3〜4分おいてポーチドエッグを作る。
4. 2のラタトゥイユをカスエラ（耐熱陶器皿）に入れてオーブンで温める。
5. 生ハムを焼き、3のポーチドエッグと共に4にのせる。

Piperade
Errezetak

シェフのひとこと

わかりやすく説明するためにグラタンと呼んでいますが、焼くわけではありません。現地ではポーチドエッグではなく生卵を落とし、溶きほぐして食べます。卵を入れないと、肉や魚料理の付け合わせ、前菜になります。メイン料理として食べる人もいます。

Omelette aux cèpes par Arrambide
オムレット・オ・セップ・パル・アランビッド

アランビッド風キノコオムレツ

卵とキノコの相性が抜群のオムレツ。
お昼ご飯にも。

シェフのひとこと
アランビッドシェフが特別な人が来た時に作っていた時のオムレツです。

材料（2人分）
卵 …… 4個
ジュー・ドゥ・ヴォライユ（P115参照）
　…… 50mℓ
セップ茸（ポルチーニ）…… 50g
生クリーム …… 30mℓ
バター …… 適量
ピペラードソース（P115参照）
　…… 適量

作り方
1 フライパンに少量のバターをひき、溶いた卵を混ぜて、ジュー・ドゥ・ヴォライユ、2cm角に切ったキノコ、生クリームを入れる。
2 フライパンを斜めにし、卵をゴムベラ（菜箸でも）でかき混ぜて、約5分、ふんわりオムレツにする。
3 仕上げに温めたピペラードソースを添える。

Tripes à la basquaise
トリップ・ア・ラ・バスケーズ

バスク風トリップ

バスク地方を含めたフランス南西部の郷土料理。
豚足でだしを取って煮込むと、より濃厚な仕上がりになる。

材料(15人分)※写真は2人分

牛ハチノス …… 1kg
牛ミノ …… 0.5kg
牛シマチョウ …… 0.5kg
牛赤センマイ …… 0.5kg
ジュー・ドゥ・ヴォライユ（P115参照）
　…… 2ℓ
玉ネギ …… 1個
人参 …… 1/2本
セロリ …… 1/2本
ニンニク …… 2株
トマトペースト …… 15g
タイム …… 2房
ピマン・デスペレット（粉末）…… 適宜

作り方

1 牛の内臓はすべて一度湯通しし、水で洗っておく。
2 寸胴鍋に玉ねぎは乱切りに、人参とセロリは半分に切って、1とほかピマン・デスペレット以外すべての材料を入れ、塩をひとつまみ（分量外）入れ、弱火で6時間ほど煮込む。
3 火が入ったら内臓を取り出し、ほかの材料は裏ごししてから戻す。
4 内臓は4〜5cmに切り、鍋に戻して煮詰める。
5 仕上げにピマン・デスペレットをふる。

▶ スペイン・バスクの類似レシピは **P82** 参照

ガルビュール

Garbure

ガルビュール

生ハムと野菜のスープ

材料の組み合わせや作り方の工程は様々だが、
これで店の味がわかるといってもおかしくないほどのバスクの代表的なスープ。

材料（15人分）

- 生ハムくず …… 300g
- 豚ガラ …… 1kg
- A
  - 玉ネギ …… 1/2個
  - 人参 …… 1/2個
  - セロリ …… 1本
- キントア豚背脂 …… 70g
- ニンニク …… 3株
- タイム …… 2束
- ローリエ …… 2枚
- キャベツ（あればちりめんキャベツ）…… 1/2個
- 白インゲン煮（缶詰）…… 200g
- B
  - 玉ネギ …… 2個
  - 人参 …… 1本
  - セロリ …… 2本
- ピマン・デスペレット（粉末）…… 適宜

作り方

1. 寸胴鍋に背脂と半割りにしたニンニクを入れて炒め、生ハムくずを加えてさらに炒める。
2. 小さくカットした豚ガラを250℃に熱したオーブンで約20〜30分焼き、こんがりきつね色になったら取り出す。
3. 1に2を加えたら、ひたひたの水（分量外）を入れてさいの目切りにした香味野菜Aとタイムとローリエを入れて蓋をし、弱火で5時間煮込む。
4. 蓋を外して骨を取り除き、さらに1時間ほど煮込む。
5. 4をムーラン（裏ごし器）で裏ごしをし、キャベツと白インゲン、さいの目に切った香味野菜Bを入れて約1時間煮る。
6. 仕上げにピマン・デスペレットをふる。

シェフのひとこと

バスクを含めたフランス南西部の郷土料理。このスープにパンとワインで、充分にお腹が満たされる料理です。ベアルン地方のオロロン＝サント＝マリーで9月の最初の日曜日にこのスープを食べるお祭りがあります。

Soupe de châtaignes
スープ・ドゥ・シャテーニュ

山栗のスープ

牛乳とクリームの量は栗の仕上がりによって多少量を前後させる。
フォワグラやマッシュルームを入れると面白くなる。

材料(10人分) ※写真は1人分

ヨーロッパ産むき栗 …… 1kg
赤ワイン …… 1ℓ
ポルト酒 …… 300㎖
ハチミツ …… 50g
フォン・ブラン(P115参照) …… 1ℓ
牛乳、生クリーム …… 各300㎖
バター …… 50g
クルミ …… 適宜

作り方

1 赤ワインとポルト酒を混ぜてむき栗を浸し、ひと晩おく。
2 底が深めの両手鍋にハチミツを入れ、沸かす。
3 2の泡が出てきたら、栗を浸けておいた1のワインとポルト酒を入れてアルコールを飛ばす。
4 3に栗とフォン・ブランを入れ、弱火で1時間ほど煮る。
5 4をミキサーにかける。回りが悪い場合は少量の水を入れる。
6 平鍋に5を入れて牛乳、生クリームを加え、バターで仕上げる。
7 ローストして砕いたクルミを飾る。

Soupe de citrouille
スープ・ドゥ・シトゥルイユ

南瓜のスープ
ぼんきん

日本でもなじみのある味のスープ。
現地の南瓜は日本のものより濃厚ではないが旨味が強い。

材料(10人分)※写真は1人分

- 南瓜 …… 1個
- 玉ネギ …… 1個
- ジュー・ドゥ・ヴォライユ(P115参照) …… 1.5ℓ
- ローリエ …… 2枚
- 牛乳 …… 500㎖
- 生クリーム …… 200㎖
- バター …… 適量

作り方

1 平鍋にバターをひき、スライスした玉ネギを炒め、皮をむいて種を取り、スライスした南瓜を加えて、なじませる。
2 1にジュー・ドゥ・ヴォライユとローリエを入れ、弱火で約1時間煮詰める。
3 仕上がったスープを冷まし、ジューサーにかけ、裏ごしする。
4 牛乳、クリームを加え、味を調える。

▶ スペイン・バスクの類似レシピは**P71**参照

アショア・ドゥ・ヴォー

Axoa de veau

アショア・ドゥ・ヴォー

バスク風仔牛のラグー

「細かく刻んだもの」を意味する、バスク・ラブール地方の
伝統的な家庭料理で、牛か羊肉の挽肉がメインの煮込み。

材料（10人分）※写真は1人分

仔牛挽肉 …… 1kg
玉ネギ …… 1.5個
ニンニク（みじん切り）…… 20g
トマトペースト …… 40g
ジュー・ドゥ・ヴォライユ
（P115参照）…… 1ℓ
タイム …… 2房
緑ピーマン …… 2個
ピキージョ …… 150g
白ワイン …… 適量
オリーブオイル …… 適量
ピマン・デスペレット（粉末）…… 適量

＜バターライス＞

米 …… 540g
玉ネギ …… 1個
ローリエ …… 2枚
バター …… 60g
フォン・ブラン
（P115参照）…… 720㎖
塩 …… 適量

作り方

1 平鍋にオリーブオイルをひき、ニンニクを炒めて香りを出したら、玉ネギのスライスを炒める。
2 フライパンで挽肉を炒めてから平鍋に移す。
3 フライパンについた焦げ目を少量の白ワインでフランベし、鍋に加える。
4 玉ネギと挽肉をなじませたら、トマトペーストを入れる。
5 水分がなくなったら、ジュー・ドゥ・ヴォライユとタイムを入れて蓋をし、弱火で1時間ほど煮る。
6 半分くらい水分が抜けたのを確認したら蓋を外し、さらに30分ほど弱火で煮る。
7 仕上げは、細切りにして塩（分量外）をふり、オリーブオイルでソテーしたピーマンとピキージョを添え、ピマン・デスペレットをふりかける。バターライスを添える。

＜バターライス＞

1 鍋にバターをひき、みじん切りにした玉ネギを塩少々を入れてソテーする。しんなりしたら、米とローリエを入れ、なじませる。
2 沸かしたフォン・ブランを入れ、蓋をし、弱火で約10分炊く。
3 火から外し、15分ほど蒸らす。

シェフのひとこと

付け合わせはフライドポテト、ジャガイモのピューレなど様々ですが、バターライスがおすすめです。バスクで初めて食べた時にとても日本人が好きそうな組み合わせだと感じました。

Poêlée de ris de veau à la basquaise
ポワレ・ドゥ・リ・ドゥ・ヴォー・ア・ラ・バスケーズ

仔牛の胸腺肉バスク風

本来、バスクでは豊富に手に入る仔羊の胸腺肉を使用するがこちらでは仔牛肉で代用。
くさみが全くなく、ジューシーでふんわりとしたやわらかさのある肉。

材料（3〜5人分）※写真は1人分

- 仔牛の胸腺肉 …… 500g
- チョリソー（イベリコ豚） …… 30g
- 緑ピーマン、ピキージョ …… 各30g
- ジュー・ドゥ・ヴォライユ（P115参照）…… 50㎖
- オリーブオイル、薄力粉、塩コショウ …… 適量
- ピマン・デスペレット（粉末）…… 適宜

作り方

1. 胸腺肉に塩コショウをして薄力粉をまぶす。
2. フライパンにオリーブオイルをひき、1の肉をソテーする。
3. 2に焼き色がついたら取り出し、チョリソー、細切りにしたピーマン、ピキージョを炒める。
4. 3がしんなりしたら取り出し、ジュー・ドゥ・ヴォライユを入れ、軽く煮詰めたところに2の肉と3のピーマン類を戻し、盛り付ける。仕上げにピマン・デスペレットをお好みでふる。

シェフのひとこと

サン＝ジャン＝ピエ＝ド＝ポーの、とあるレストランで出会った1皿です。

Steak de bœuf sauce béarnaise
ステック・ドゥ・ブッフ・ソース・ベアルネーズ

牛ステーキ ベアルネーズソース

フランスのベアルン地方の料理。フランスではあばら肉（côte）が一般的だが、ハラミでも代用できる。温製マヨネーズソースは甘味と酸味のバランスが最高。

シェフのひとこと
付け合わせはグラタン・ドフィノア（P171参照）、フライドポテトでも。

材料（5人分）※写真は1人分

- 牛ハラミ …… 約1kg
- 塩コショウ …… 適量

＜ベアルネーズソース＞
- 卵黄 …… 2個
- エシャロット（みじん切り）…… 50g
- 白ワイン …… 100㎖
- 澄ましバター …… 約150g
- エストラゴン（タラゴン）…… 1房
- パセリ …… 適量

作り方

1. ハラミは筋を取り、切り開いて5等分にする。
2. ベアルネーズソースを作る。手鍋に少量のバター（分量外）を入れ、エシャロットを弱火でソテーする。
3. 2がしんなりしたら白ワインを入れ、水分がなくなるまで煮詰める。
4. 3をボールに移し、卵黄を入れ、湯煎にかけて、ゆっくり混ぜながら火を入れる。
5. もったりしてきたら、澄ましバター（ブールクラリフェ）を少しずつ加え、エストラゴンとパセリのみじん切りを入れる。
6. 1の肉は塩コショウしてフライパンで焼き上げ、5のベアルネーズソースを添える。

Joues de bœuf braisés à la basquaise
ジュー・ドゥ・ブッフ・ブレゼ・ア・ラ・バスケーズ

牛ホホ肉の赤ワイン煮

フランスの冬の定番料理。赤ワインはバスクワインのイルレギか
フランス南西部産の重めのワインで作るとコクがでる。

シェフのひとこと

付け合わせにはジャガイモ
のピューレかピペラードソー
ス（P115参照）をどうぞ。

材料（10人分）※写真は2人分
- 牛ホホ肉 …… 2kg
- 玉ネギ …… 1個
- 人参 …… 1本
- セロリ …… 1本
- ニンニク（皮付き）…… 2株
- タイム …… 2房
- ローリエ …… 2枚
- 赤ワイン …… 適量
- フォン・ドゥ・ヴォー（P115参照）
  …… 700㎖
- オリーブオイル、塩コショウ …… 適量

作り方
1. ホホ肉とさいの目切りにした玉ネギ、人参、セロリと、横割りにしたニンニク、タイム、ローリエをボールに入れ、赤ワインをひたひたに注いでひと晩マリネする。
2. 1をザルでこし、肉、ワイン、香味野菜に分ける。
3. 深めの寸胴鍋にオリーブオイルをひき、2の香味野菜をソテーする。
4. フライパンで、塩コショウで味付けをしたホホ肉を焼く。
5. 4の肉を3の寸胴鍋に入れ、2でこした赤ワインを注いで沸かし、アクを取ってフォン・ドゥ・ヴォーを加え、蓋をして弱火で4～5時間煮る。
6. 肉を取り出し、各70gにカットし、5を裏ごしした煮汁で温め、少量のバター（分量外）で仕上げる。

▶ スペイン・バスクの類似レシピは **P90**参照

Cuisses de pintade à la basquaise
キュイス・ドゥ・パンタード・ア・ラ・バスケーズ

骨付きホロホロ鶏モモ肉のトマト煮込み

プーレ・バスケーズ（poultet basquaise）とも呼ばれる鶏肉のトマト煮込み。
フランス・バスクの代表的な料理で、日本でもよく知られている。

材料（5人分）※写真は2人分
- ホロホロ鶏モモ肉 …… 5本
- 生ハムくず …… 200g
- 玉ネギ …… 1個
- 人参 …… 1/2本
- セロリ …… 1/2本
- ニンニク …… 1/2株
- トマトピューレ …… 500㎖
- ローリエ、タイム …… 各適量
- 緑ピーマン、ピキージョ …… 適量
- 生ハム …… 30g
- オリーブオイル …… 適量

作り方
1. モモ肉は足首の下3㎝くらいのところに切れ込みを入れ、筋を切り離して、余分な羽を抜いておく。
2. 平鍋にオリーブオイルをひき、ニンニクを炒めて香りを出したら生ハムくずとさいの目に切った玉ネギ、人参、セロリを炒める。
3. フライパンで1のモモ肉に焼き色をつけて2の平鍋に移し、フライパンについた焦げ目を少量の白ワイン（分量外）でフランベし、鍋に加える。
4. 全体をなじませたらトマトピューレを入れる。
5. 4が沸いたら、ローリエとタイムを入れ、蓋をし、弱火で約2時間煮る。
6. 蓋を外し、30分くらい弱火で煮詰める。
7. 仕上げに、千切りにして炒めた緑ピーマンとピキージョ、生ハムを入れる。

Rilletts de porc Kintoa
リエット・ドゥ・ポー・キントア

キントア豚のリエット

本来は、豚の骨に残った身や筋を集めて作る料理だが、
豚のバラ肉でも代用できる。ラードと肉のバランスを整えて、なめらかにする。

シェフのひとこと
ラードは、背脂を角切りにして100℃に熱したオーブンで1〜2時間熱し、粗熱が取れたらこす。

材料(10人分) ※写真は1人分
- キントア豚くず …… 500g
- キントア豚ラード …… 1ℓ
- 玉ネギ …… 1/2個
- セロリ …… 1/2本
- ニンニク(スライス) …… 2片
- タイム …… 2房
- 粗塩 …… 10g
- ミヨネット(黒コショウを砕いたもの) …… 適量

作り方
1 豚肉にスライスした玉ネギとセロリ、ニンニク、タイムと粗塩をまぶしてひと晩おく。
2 片手深鍋にラードを入れ、1を入れて100℃に熱したオーブンで3〜4時間火を通す。
3 2が温かいうちにザルでこして中身と肉汁、ラードに分けて、それぞれボールに入れる。
4 3の中身が冷めたらタイムを取り除き、肉は手でほぐす。
5 3の肉汁を、4の肉に混ぜ合わせ、なめらかにする。
6 ミヨネットをふりかけ、パンを添える。

Joues de porc Kintoa braisé au vin blanc
ジュー・ドゥ・ポー・キントア・ブレゼ・オ・ヴァン・ブラン

キントア豚の白ワインブレゼ

キントアのホホ肉はほかの豚ホホ肉より肉厚で大きく、旨味も強いので、
だし汁を加えなくても美味しく仕上がるのが特徴。

材料（8～10人分）
※写真は1人分

キントア豚ホホ肉 …… 1kg
玉ネギ …… 1個
人参 …… 1/2本
セロリ …… 1/2本
ニンニク …… 1株
白ワイン …… 1ℓ
タイム …… 2房
ローリエ …… 2枚
塩 …… 12g
白コショウもしくは
コリアンダー（粉末）…… 10g
オリーブオイル …… 適量
茹で野菜（ブロッコリー、
カリフラワー、芽キャベツ、
サヤエンドウなど）…… 適量

作り方

1 ホホ肉とさいの目切りにした玉ネギ、人参、セロリとニンニク、タイム、ローリエをボールに入れ、白ワインをひたひたに注いでひと晩おく。
2 1のボールの中身をザルでこし、肉、ワイン、香味野菜に分ける。
3 平鍋にオリーブオイルをひき、2の香味野菜をソテーする。
4 塩、白コショウ（もしくはコリアンダー）で味付けをした2のホホ肉にフライパンで焼き色をつける。
5 4の肉を3の平鍋に入れ、2でこした白ワインを加えて沸かす。
6 蓋をして弱火もしくは200℃に熱したオーブンで1時間煮る。
7 煮汁を煮詰めて、少量のバター（分量外）で仕上げる。
8 塩茹でし、温めた野菜を添える。

シェフのひとこと
付け合わせの塩茹で野菜は季節のものならなんでもよいです。

Pieds de cochon panés
ピエ・ドゥ・コション・パネ

豚足のパン粉焼き

リヨンと並んでバスク地方でも多く食べられる料理で
脂が好きな人にもたまらない一品。カリカリをアツアツで。ビールが合う。

シェフのひとこと

まかないでよく食べていた思い出の一品。付け合わせは粉ふきイモにマスタードや酸味をきかせたサラダでも。

材料(6人分) ※写真は2人分

A
- 豚足 …… 3本
- 玉ネギ …… 1/2個
- 人参 …… 1/2本
- セロリ …… 1本
- ニンニク …… 1株
- タイム …… 1束
- ローリエ …… 1枚

塩コショウ、薄力粉、卵、
パン粉、揚げ油 …… 適量
タルタルソース、レモン、
パセリ …… 適宜

作り方

1 豚足は湯通ししておく。
2 片手深鍋にAの食材を入れ、浸かるくらいの水（分量外）を入れ、沸かしてアクをとる。
3 150℃に熱したオーブンで3〜4時間煮る。
4 豚足を取り出し、すべての骨を取り除き、冷ます。
5 豚足を縦に半分に切り、塩コショウ、薄力粉をまぶし、溶き卵をくぐらせ、パン粉をつける。
6 少し多めの油でこんがり焼き上げる。
7 タルタルソースと、レモンとパセリを添える。

Porc Kintoa rôtis
ポー・キントア・ロティ

キントア豚のロースト

食べごたえのあるバスクのキントア豚ロース。

シェフのひとこと
豚のローストにコリアンダーの粉末をふるとくさみが取れ、甘味を出してくれます。

材料（2人分）
キントア豚ヒレ下ロース …… 250g
キントア豚背脂 …… 適量
ジュー・ドゥ・ヴォライユ（P115参照）、
塩、コリアンダー（粉末）…… 適量
ラタトゥイユ（P145参照）…… 適量

作り方
1 豚肉の筋を切り、背脂に切れ込みを入れる。
2 平鍋に塩とコリアンダーを両面にふった1の肉と背脂を入れて温める。
3 背脂から脂が出てきたら、蓋をして弱火で焼く。
4 3の肉の表面に肉汁が出てきたら、肉を取り出し、ジュー・ドゥ・ヴォライユを入れ、煮詰める。
5 ひと口大に切った肉を温め直して皿に盛り、4のソースをかけ、ラタトゥイユを添える。

Boudin basque
ブーダン・バスク

豚の血のソーセージ

真っ黒な血のソーセージでバスクを代表する料理のひとつ。ブーダン・ノワールとも。

材料（10本分）

- 豚血 …… 500㎖
- キントア豚背脂 …… 200g
- 玉ネギ …… 200g
- ニンニク …… 50g
- 豚腸 …… 10本分（1本15㎝）
- 塩 …… 5g
- 黒コショウ …… 3g
- オリーブオイル …… 適量
- ピーマン、ピキージョ …… 適量
- ピマン・デスペレット（粉末）…… 適宜

作り方

1 玉ネギ、ニンニクはみじん切りにし、オリーブオイルで炒め、水分を抜いておく。
2 背脂はみじん切りにし、湯通ししてから水気をきる。
3 平鍋に豚血と1の玉ネギとニンニク、2の背脂、塩と黒コショウを入れ、とろみがついたらボールで冷ます。
4 3を豚腸に詰めてフライパンで焼く。
5 細切りにして塩（分量外）をふり、オリーブオイルでソテーしたピーマンとピキージョを敷いた上に4をのせ、最後にピマン・デスペレットをふる。

シェフのひとこと
黒コショウ代わりにエスペレットを入れると旨味が増します。マスタードを添えても。

Merguez basquaise
メルゲーズ・バスケーズ

仔羊肉のソーセージ

仔羊肉のミンチをスパイスやニンニクと共に腸詰めにしたソーセージ。

材料（10本分）

仔羊挽肉 …… 1kg
キントア豚背脂 …… 200g
ニンニク（すりおろし）…… 20g
羊腸 …… 10本分（1本15cm）
ピマン・デスペレット（粉末）…… 30g
塩 …… 12g
黒コショウ …… 5g
ピーマン、ピキージョ …… 適量
オリーブオイル …… 適量

作り方

1 挽肉と背脂をミンチにして塩と黒コショウ、ピマン・デスペレットとニンニクを入れて混ぜ、羊腸に詰める。
2 230℃に熱したオーブンで、油をひいたフライパンに1を入れて、10分前後焼く。
3 細切りにして塩（分量外）をふり、オリーブオイルでソテーしたピーマンとピキージョをのせ、仕上げにピマン・デスペレットをふる。

シェフのひとこと
初めて食べたのは祭りの屋台です。トウモロコシの薄焼きタロア（taloa）に挟んでスパイシーなソースをかけてかぶりつくのが最高！

キャレ・ダニョー・ドゥ・レ・デ・ピレネー・ロティ・オ・ミエル・エ・ポワーヴル

Carrés d'agneau de lait des Pyrénées rôtis au miel et poivre

キャレ・ダニョー・ドゥ・レ・デ・ピレネー・ロティ・オ・ミエル・エ・ポワーヴル

仔羊背肉のロースト
ハチミツと黒コショウソース

ミヨネットが味を引き立て、ハチミツと仔羊肉の旨みがとても合う料理。
本来はピレネー産の仔羊肉を使用する。

材料（3〜4人分）

仔羊背肉 …… 600g
ハチミツ …… 30g
ジュー・ドゥ・ヴォライユ
（P115参照）…… 150㎖

塩、ミヨネット
（黒コショウをくだいたもの）…… 適量
芽キャベツ …… 適宜

作り方

1 羊背肉の脂面に格子状に切り込みを入れ、塩、ミヨネットを表面にふり、フライパンでローストする。
2 表面に軽く焼き色がついたらハチミツをまぶし、温かい場所で10分ほど寝かせた後、再びフライパンで約10分しっかりローストする。
3 肉を取り出し、フライパンの脂を捨てジュー・ドゥ・ヴォライユを入れて煮詰める。
4 肉を250℃に熱したオーブンで2〜3分温めてカットし、3のソースをかける。
5 塩茹でした芽キャベツを添える。

シェフのひとこと

バスクのピレネー山脈にだけ生息する羊、アニョー・ドゥ・ピレネー。フランスには他にも仔羊で有名な地方はありますが、このピレネー仔羊はぜひ試してみていただきたいです。また、現地ではジュー・ダニョー（羊のスープ・ストック）を入れて煮詰めることも多いです。

ブランケット・ダニョー・オ・ペイ・バスク

Blanquette d'agneau au Pays Basque

ブランケット・ダニョー・オ・ペイ・バスク

バスク風仔羊肩肉のブランケット

バスクでは定番の、仔羊肩肉をホワイトソースで煮込んだ料理。
仔牛の肩肉でも代用できる。

材料(6〜7人分)※写真は2人分

仔羊肩肉 …… 1kg	ローリエ …… 2枚
玉ネギ …… 1個	バター …… 50g
人参 …… 1/2本	薄力粉 …… 30g
セロリ …… 1本	生クリーム …… 100㎖
ニンニク …… 1株	キノコ類、パセリ(みじん切り) …… 適量
タイム …… 2房	ピマン・デスペレット(粉末) …… 適量

作り方

1. 羊肩肉は6cm角に切り、両手平鍋で湯通しし、洗っておく。
2. 1を再び平鍋に戻し、玉ネギ、人参、セロリとニンニク、タイム、ローリエを入れ、浸かるくらいの水(分量外)を入れて沸かす。
3. アクを取り、ひとつまみの粗塩(分量外)を入れ、蓋をして約2時間煮る。
4. 肉に火が入ったら取り出し、残った鍋のものを裏ごしする。
5. 平鍋にバターを入れて熱し、薄力粉を加え、粉っ気を飛ばしたら4で裏ごしした汁を少しずつ入れて軽く煮詰める。
6. 肉を戻し、生クリームで仕上げる。
7. 別のフライパンでキノコをソテーし、火が入ったらパセリを入れて混ぜ、6に上からかけて盛り付ける。仕上げにピマン・デスペレットをふる。

シェフのひとこと
バターライス(P153参照)を添えると美味しいです。

ジゴ・ダニョー・ロティ ソース・オ・タン

Gigot d'agneau rôti, sauce au thym

ジゴ・ダニョー・ロティ ソース・オ・タン

仔羊モモ肉のロースト タイムソースがけ

パーティーなどでふるまう、ダッチオーブンで調理する料理。
羊モモ肉の塊に低温で火を入れるのがポイント。

材料 (3人分) ※写真は2人分

仔羊モモ肉 …… 500g
ジュー・ドゥ・ヴォライユ(P115参照) …… 100㎖
タイム …… 3房
塩コショウ …… 適量

作り方

1 常温にした羊モモ肉は塩コショウをまぶし、脂の面からフライパンで弱火で焼く。
2 羊から脂が出てきたら全体に焼き色をつけ、ジュー・ドゥ・ヴォライユとタイムを入れて煮詰める。
3 200℃に熱したダッチオーブンで10分焼き、温かいところで20分ほど休ませる。
4 3を薄く切り分け、2のタイムソースをかけ、タイムを飾る。

Lapin à la basquaise
ラパン・ア・ラ・バスケース

ウサギのバスク風煮込み

バスクを含めたフランス南西部のウサギを使った郷土料理。

シェフのひとこと
付け合わせはジャガイモのピューレも合います。

材料（3〜5人分） ※写真は2人分

- ウサギ …… 1羽
- 玉ネギ …… 1個
- 人参 …… 1本
- セロリ …… 2本
- 赤ワイン …… 2ℓ
- ジュー・ドゥ・ヴォライユ（P115参照） …… 500㎖
- ニンニク …… 2株
- タイム …… 2房
- ローリエ …… 1枚
- 生ハムくず …… 50g
- プルーン …… 10個
- オリーブオイル、バター …… 適量
- 芽キャベツ …… 適宜

作り方

1. ウサギは足と胴体におろし、胴体は骨ごと3等分に切り、さいの目に切った玉ネギ、人参、セロリと一緒に赤ワインに浸けてひと晩おく。
2. 1の中身をザルでこし、肉、ワイン、香味野菜に分ける。
3. 平鍋にオリーブオイルを熱して、横切りにしたニンニクを炒め、2の香味野菜を加え、しんなりしたら2の肉を入れ、さらに2の赤ワインを加える。
4. アルコールを飛ばし、ジュー・ドゥ・ヴォライユ、タイムとローリエを加えて蓋をし、弱火で約1時間煮る。
5. 肉が煮えたら取り出す。
6. 別鍋に生ハムくずを入れて炒めて香りを出し、5の煮汁を入れ、煮詰めたらプルーンと肉を加え、最後に少量のバターを入れる。
7. 塩茹でした芽キャベツを添える。

Civet de chevreuil
シヴェ・ドゥ・シュヴルイユ

蝦夷鹿の赤ワイン煮

フランスの冬の定番料理を蝦夷鹿でアレンジ。いろいろな野菜のピューレを添えて食べても美味しい。

材料（15人分）※写真は2人分

- 蝦夷鹿肩ロース …… 3kg
- 玉ネギ …… 2個
- 人参 …… 1本
- セロリ …… 2本
- 赤ワイン …… 2ℓ
- ローリエ …… 2枚
- ジュニパー・ベリー（ホール）…… 10粒
- トマトペースト …… 50g
- フォン・ドゥ・ヴォー（P115参照）…… 1ℓ
- タイム …… 2房
- オリーブオイル、バター …… 適量

＜グラタン・ドフィノア＞
- ジャガイモ、塩、ナツメグ、生クリーム、グリュイエールチーズ …… 各適量

作り方

1. 肩ロースは骨付きの場合は下ろし、骨は250℃に熱したオーブンで焼いておく。
2. 肉は縦に半分に切り、タコ糸で結ぶ。
3. 2の肩ロース、さいの目に切った玉ネギ、人参、セロリとタイム、ローリエ、ジュニパー・ベリーを一緒に赤ワインに浸けて2晩おく。
4. 3の中身をザルでこし、肉、ワイン、香味野菜に分ける。
5. 深めの寸胴鍋にオリーブオイルを熱して、4の香味野菜を炒める。
6. トマトペーストを加えてなじませ、1で焼いた骨を入れて、別のフライパンで軽く焼き色をつけた肉、フォン・ドゥ・ヴォーも加えて蓋をし、弱火で約3時間煮る。
7. 火が入ったら蓋を外し、煮詰めて肉を取り出す。
8. 残りの汁を裏ごしし、煮詰めた後に、バターで仕上げる。

＜グラタン・ドフィノア＞

1. グラタン皿に、スライスしたジャガイモと、塩とナツメグ、ひたひたの生クリームを入れ、上にグリュイエールチーズをのせ、200℃に熱したオーブンで30分焼く。

プロシェット・ドゥ・クール・ドゥ・カナール・オ・ピマン・デスペレット

Brochettes de cœurs de canard au piment d'Espelette

ブロシェット・ドゥ・クール・ドゥ・カナール・オ・ピマン・デスペレット

鴨の心臓のブロシェット エスペレット風

ピマン・デスペレットをふりかけた、バスク風の鴨心臓の串焼き料理。

材料(4人分)

鴨ハツ …… 500g
キントア豚ラード(P158参照)、塩 …… 各適量
ニンニク(スライス)、パセリ(みじん切り) …… 適宜
ピマン・デスペレット(粉末) …… 適量

作り方

1 鴨ハツは血管を抜き、開いて串に刺す。
2 フライパンにラードを熱し、塩とピマン・デスペレットで下味を付けた鴨ハツの外面から焼き色をつける。その後、250℃に熱したオーブンで2〜3分火を入れる。
3 仕上げにピマン・デスペレット、パセリと、カリカリに揚げたニンニクを散らす。

シェフのひとこと
レストランのまかないで食べて衝撃を受けた一品です。

Confit de canard à la basquaise
コンフィ・ドゥ・カナール・ア・ラ・バスケーズ

バスク風鴨モモ肉のコンフィ

フランス南西部の郷土料理かつバスクの定番料理。本来使われる鴨脂の代わりに、キントア豚の脂で煮込むとクセがなく旨味が増して、日本人好みの仕上がりに。

シェフのひとこと
付け合わせにはサラダとマスタードソースを添えて。

材料(5人分)※写真は2人分
- 鴨モモ肉 …… 5本
- 玉ネギ …… 1/2個
- セロリ …… 1/2本
- キントア豚ラード(P158参照) …… 1ℓ
- タイム …… 1房
- ローリエ …… 1枚
- 粗塩(ミネラルの多いもの) …… 適量

作り方
1. 鴨モモ肉は足首の下3cmくらいのところに切込みを入れ、筋を取り、余分な毛を抜く。
2. スライスした野菜と、1kgあたり10gの粗塩を両面にふった肉に、タイム、ローリエを加えてマリネして2晩おく。
3. 耐熱皿に2をおき、ラードをかけて100℃に熱したオーブンで5〜6時間煮る。
4. 時間を過ぎたらこまめにチェックし、竹串を刺してスーっと通ったら肉を優しく取り出し、ラードは裏ごしする。
5. 下にたまった肉汁を冷ましてから取り出し、煮詰めてソースにする。
6. 肉は弱火のフライパンで皮面からゆっくり焼き色をつけて仕上げる。
7. 6の肉を盛り付け、5のソースをかける。

Foie gras de canard poêlé aux raisins
フォワグラ・ドゥ・キャナール・ポアレ・オ・レザン

フォワグラのポアレ ブドウソース

ブドウとフォワグラの相性がとてもよく、フォワグラを温かくいただく料理。

材料（2人分）
フォワグラ（1cm厚に切ったもの）
　……4枚
白ブドウ（皮と種を取り除く……50g
ジュー・ドゥ・ヴォライユ（P115参照）
　……100㎖
塩、砂糖、薄力粉、バター……適量

作り方
1　フォワグラは両面に軽く塩と砂糖をして、薄力粉をまぶしてフライパンでソテーする。
2　フォワグラを取り除き、フライパンに出た脂を捨て、ジュー・ドゥ・ヴォライユを入れてブドウとバターを加え、軽く煮詰める。
3　250℃に熱したオーブンで2〜3分、温めなおしたフォワグラを皿に盛り付け、2のソースをからめる。

シェフのひとこと
フォワグラ料理の中で衝撃を受けた一品。フランスのランド産のものが良質でおすすめです。

フォワ・グラ・ドゥ・キャナール・ポッシェ・セルヴィ・オ・ナチュレル

Foie gras de canard poché servi au naturel

フォワグラ・ドゥ・キャナール・ポッシェ・セルヴィ・オ・ナチュレル

アランビッド風フォワグラのポッシェ

フォワグラを冷たくいただく伝統的な一品。

材料(15人分)※写真は2人分

鴨フォワグラ …… 1羽分
塩（フォワグラ1kgあたり20g）…… 適量
ジュー・ドゥ・ヴォライユ（P115参照）…… 2ℓ
粗塩 …… 適量
ミヨネット（黒コショウを砕いたもの）…… 適量
イチジクのコンフィチュール …… 適量

作り方

1. フォワグラは血管を抜いて全体に塩をまぶし、布で覆い、ひと晩寝かせる。
2. 平鍋にジュー・ドゥ・ヴォライユを入れ、沸かして火を止め、85℃まで冷ましたら、1の布を取ったフォワグラを入れ、約15〜20分火を通す。
3. クッキングペーパーで落し蓋をし、鍋ごと冷まし、冷めたらそのまま冷蔵庫に入れひと晩おく。
4. 鍋からフォワグラを取り出し、ラップでくるみ、さらにひと晩寝かす。
5. 温めた包丁で4〜5cm厚に斜めに切って盛り付け、粗塩とミヨネット、イチジクのコンフィチュールを添える。

シェフのひとこと
レシピがない料理なので言葉での説明が難しいが本当のフォワグラの味がわかる料理です。バスク地方のジュランソン産の甘口ワインと一緒にどうぞ。

パテ・デュ・ペイ・バスク

Pâté du Pays Basque

パテ・デュ・ペイ・バスク

バスク風パテ

フランスの食卓によく登場する豚肉のパテ。
キントアの背脂はクセがなく優しい豚の味を引き出してくれる。

材料（テリーヌ型1本分）

豚挽肉 …… 900g
豚レバー …… 100g
フォワグラ脂 …… 100g
ニンニク（すりおろし）…… 20g
エシャロット …… 50g
キントア豚背脂 …… 約500g
ブランデー …… 20㎖
ピマン・デスペレット（粉末）…… 10g
塩 …… 12g

作り方

1. テリーヌ型に半量の背脂をしき、ボウルに材料をすべて加え、粘りが出るくらいまで混ぜる。
2. 空気を抜きながら型に詰め、1の残りの背脂で蓋をして覆い、タイム（分量外）をのせ、型の蓋をする。
3. 2晩寝かせた後、95℃の湯煎にかけ、120℃に熱したオーブンで約1〜1.5時間火を入れる。
4. 竹串を刺してスーっと通ったら、湯煎から外し、型の上から軽く重しをして冷ます。
5. 切り分けて盛り付ける。

シェフのひとこと
粗塩やミヨネット、イチジクのジャムかギンディージャを添えてもよく合います。

ピジョノー・ロティ・オ・グッス・ダイユ・ドゥー ラヴィオリ・オ・セップ

Pigeonneau rôti aux gousses d'ail doux, ravioli aux cèpes

ピジョノー・ロティ・オ・グッス・ダイユ・ドゥー ラヴィオリ・オ・セップ

仔鳩のローストとセップ茸のラヴィオリ

バスク地方で秋から冬にかけてよく食べる料理。

材料（6人分）※写真は2人分

仔鳩 …… 1羽
セップ茸（ポルチーニ）…… 200g
パセリ …… 適量
ジュー・ドゥ・ヴォライユ
（P115参照）…… 50㎖
塩コショウ、バター …… 適量
ニンニク …… 3片

＜ラヴィオリ20個分＞
薄力粉 …… 100g
強力粉 …… 100g
塩 …… ひとつまみ
卵 …… 2個
牛乳 …… 20㎖
オリーブオイル …… 5㎖

作り方

1 鳩は骨を取り除き、観音開きにして塩コショウしておき、ローストして火を入れる。
2 さいの目に切ったセップ茸はバターと包丁の背でつぶしたニンニクを入れてソテーする。ニンニクは取り除き、パセリのみじん切りを入れる。
3 ラヴィオリの生地を作る。ボウルに薄力粉と強力粉を入れ、塩、卵を混ぜ入れ、牛乳とオリーブオイルを少しずつ入れてなじませる。ひとかたまりにまとめてひと晩寝かせる。
4 ラヴィオリの生地を薄くのばし、1個ずつまとめる。溶き卵（分量外）を塗って2のセップ茸を5gずつ生地で挟み、丸く形取る。
5 4を約10分ボイルして取り出す。
6 1のフライパンから鳩を取り出し、ジュー・ドゥ・ヴォライユを入れて煮詰めて、ソースにする。
7 5のラヴィオリと取り出した鳩を並べて皿に盛り付け、6のソースをかける。

シェフのひとこと
パロンブ（ジビエ）で食べると美味しいです。

ZUTABEA 12

エル・カミーノ
食の巡礼
バスク編

フランスからスペイン北部を横断し、聖地サンティアゴ・デ・コンポステーラを目指す約800kmの巡礼路"カミーノ・デ・サンティアゴ"(通称"エル・カミーノ")。ゴールは西の果てのガリシア地方ですが、主要なルート上にはバスクの街や村々も。実はバスクとも深いゆかりがある巡礼路です。

カミーノ・デ・サンティアゴ (Camino de Santiago) とは？

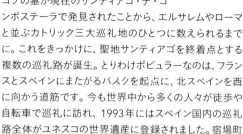

サンティアゴ巡礼のはじまりは9世紀初頭。エルサレムで殉教した聖人ヤコブの墓が現在のサンティアゴ・デ・コンポステーラで発見されたことから、エルサレムやローマと並ぶカトリック三大巡礼地のひとつに数えられるまでに。これをきっかけに、聖地サンティアゴを終着点とする複数の巡礼路が誕生。とりわけポピュラーなのは、フランスとスペインにまたがるバスクを起点に、北スペインを西に向かう道筋です。今も世界中から多くの人々が徒歩や自転車で巡礼に訪れ、1993年にはスペイン国内の巡礼路全体がユネスコの世界遺産に登録されました。宿場町にバスクの街や村が含まれるのは、次に紹介する3コース。それぞれ山バスク、海バスクの美しい自然や史跡だけでなく、食の楽しみにも出会える魅力いっぱいのルートです。

巡礼路沿いには"モホン (mojón)"と呼ばれる道標が点在する。帆立貝の蝶番に当たる部分が進むべき方向。文字板の数字は終点サンティアゴまでの距離を示す。黄色い手描きの矢印とともに、道に迷ったときの守り神ともいうべき存在。

フランスの道：Camino de Francés

　サンティアゴ巡礼路の代名詞的なルートといえば、ログローニョ、ブルゴス、レオンなどを中継する「フランスの道」。出発点は、ピレネー山麓にあるフランス・バスクの美しい村、サン＝ジャン＝ピエ＝ド＝ポー。ここでは、帆立貝が目印の巡礼グッズを売る土産物屋に混じって、郷土菓子ガトー・バスク、羊乳チーズ"オッソー・イラティ"、ダークチェリー"スリーズ・ノワール"のコンフィチュールなど、特産品を揃えたフードブティックやレストランも目につきます。ピレネー山脈を越えてスペインに入った後は、約40km先にヘミングウェイの小説の舞台としても有名なパンプローナの街が。イルニャ（Iruñea）のバスク名をもつパンプローナは、ナバーラ州の州都。地理的にはバスク自治州に属さないものの、歴史的・文化的背景、そして食の充実度は、まさにバスク的！　名産は、ホワイトアスパラガスや赤ピーマン"ピキージョ"に代表される滋味いっぱいの野菜たち。生ハムと野菜を煮込む郷土料理「メネストラ（P80参照）」は、"メヌー・デル・ペレグリーノ"と呼ばれる巡礼者用の定食にもよく登場します。

1　第1日目のルートは難関のピレネー山脈越え。アップダウンはきついが、山バスクの絶景が満喫できる。
2　フランス・バスクの山村サン＝ジャン＝ピエ＝ド＝ポーから巡礼がスタート。木組みの家々が美しい。
3・4　国境を越えたスペイン側はナバーラ州。良質な野菜の産地として知られる。
5　野菜をくたくたに煮込んだ「メネストラ」で元気をチャージ！
6　巡礼者用の定食"Menú del Perigrino"は、手頃な値段でボリュームもたっぷり。

Text & Photo : Horikoshi Noriko

1・2・3・4・5 カミーノ・デル・ノルテ巡礼のお楽しみは、なんといってもピンチョス！ こてこて山登りルックの巡礼者にとっては、星付きレストランよりバルからバルへハシゴできる気軽さがありがたい。
6・7・8・9 行く先々の宿場町で市が立っていたらラッキー！ バスクの旬や食材の豊かさを改めて実感できる。

北の道: Camino del Norte

　イルンをスタート地点に、ビスケー湾沿いの街や村を縫うように進む「北の道」。風光明媚な海の景勝を楽しめるとあって、年々巡礼者の数が増えている人気ルートです。注目度アップの理由は、そのグルメ指数の高さにもあり。バスク自治州内の宿場町は、サン・セバスティアン、ゲタリア、ビルバオなど、いずれも海バスクの美味を満喫するには最高の街ぞろい。サン・セバスティアンへは、やはり美食どころとして名を馳せる城壁の街、オンダリビアを起点とする別ルートもあります。1日20〜30kmもの行程を歩き終えた後、バルに繰り出してシードラやチャコリを飲み、ピンチョスをつまむ楽しさは格別！ 漁師町ゲタリアで有名な炭火焼きのシーフードレストランで舌鼓を打ったり、名産のチャコリのワイナリーを訪れたりと、特別に寄り道を楽しむペレグリーノ（巡礼者）も少なくありません。世界遺産"ビスカヤ橋"のある街ポルトゥガレテを過ぎると、お隣のカンタブリア州は目と鼻の先。巡礼路から1kmほど外れた漁師町サントゥルセに立ち寄って、名物のイワシの塩焼きを味わうのも一興です。

10・11 サン・セバスティアンやビルバオなど、バスクの人気観光都市がルート上に。

バスクの道：Camino Vasco

　その名もズバリの「カミーノ・バスコ」は、国境の町イルンから内陸を南下し、「フランスの道」の重要な宿場町サント・ドミンゴ・デ・ラ・カルサダへと至るルート。ほかの2つに比べて知名度はぐっと低く、巡礼者の姿も少ないマイナーな道ながら、山バスクの自然や食の豊かさを実感できる味わい深い巡礼路でもあります。ひとつめの宿場町アスティガラガは、リンゴ酒シードラの名産地。巡礼路の周辺にはリンゴ畑が広がり、秋には樹々に実ったリンゴが巡礼者の目を楽しませてくれます。道沿いや街中にあるシドレリーア（シードラの醸造所兼レストラン）では、樽出しのシードラとともに、定番のバカラオのオムレツ（P30参照）や骨付き肉の炭火焼き（P91参照）にかぶりつく楽しみも！　さらに約20km先にあるトロサは、極上の黒インゲン豆"アルビア・デ・トロサ"で有名な街。チョリソーや野菜と一緒にトロトロに煮込んだシチューは、巡礼で疲れた体に染み入る質実なおいしさです。バスク州の州都ビトリアも、高感度のバルやレストランの密集地帯。特に進化系ピンチョスのレベルの高さは、サン・セバスティアンやビルバオに勝るとも劣りません。

1・2 別名 "Camino interior"（内陸の道）とも呼ばれるとおり、山道のトレッキングがメイン。巡礼者の姿もほとんど見かけない。

3・4・5・6・7 イルン〜アスティガラガの沿道はシードラ用のリンゴ畑だらけ。ミシュラン2つ星レストラン『ムガリッツ（Mugaritz）』も道沿いに。
8 トロサ名産の黒インゲン豆"アルビア"の煮込み。豆の優しい風味、こっくりとした旨味がハードな巡礼の疲れを癒してくれる。
9・10 バスク地方特産の羊乳チーズの産地、イディアサバルも宿場町のひとつ。運がよければ、村のチーズ祭りに当たることも。

Text & Photo : Horikoshi Noriko

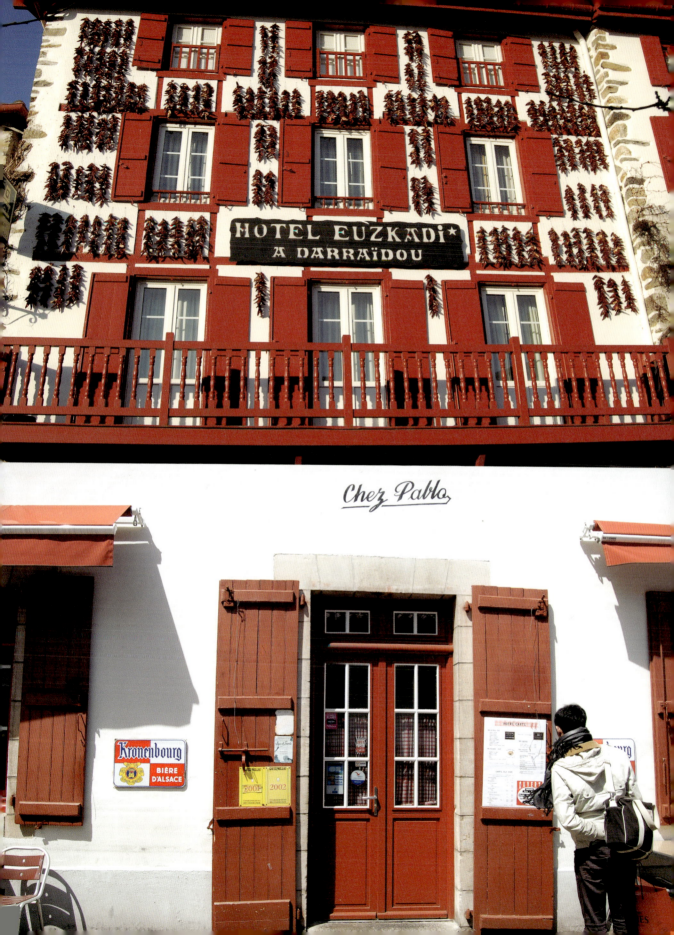

Photo : Espelette, Saint-Jean-de-Luz, Biarritz / Uenishi Mitsu

ガトー・バスク

Gâteau basque

ガトー・バスク

ガトー・バスク

サブレの生地にカスタードを入れて焼き上げる
バスクの伝統的な重めの焼き菓子。

材料(15cm丸型1台分)

薄力粉 …… 100g
無塩バター …… 50g
グラニュー糖 …… 50g
アーモンドプードル …… 20g
コーンスターチ …… 5g
卵黄 …… 1.5個
ドゥレ(卵黄1、卵白小さじ1) …… 適量
アングレーズソース、バニラアイス、
ダークチェリーのジャム …… 適宜

<カスタード>

卵黄 …… 3個
グラニュー糖 …… 50g
牛乳 …… 250ml
薄力粉 …… 10g
コーンスターチ …… 10g

作り方

1 バターはグラニュー糖を合わせてポマード状にしてから、薄力粉、アーモンドプードル、コーンスターチを加える。
2 1に少しずつ卵黄を入れ、ひと晩寝かせる。
3 生地を薄く伸ばし、冷凍庫に5分入れる。
4 3の生地をバター(分量外)を塗った型で抜く。抜いた残りの生地を型の下部分に敷きつめる。
5 カスタードを流し込み、4の型抜きした生地で蓋をし、ドゥレを塗り、200℃に熱したオーブンで30分焼く。
6 アングレーズソース(P193参照)をかけ、バニラアイスとダークチェリーのジャムを添える。

<カスタード>

1 牛乳を沸かす。
2 ボウルに卵黄とグラニュー糖を入れ、もったりするまで泡立てる。
3 薄力粉とコーンスターチを加えてから1で沸かした牛乳を入れ、裏ごしし、ダマができないように水分を抜きながら、弱火で5分煮る。

シェフのひとこと
イツァスー村のダークチェリーのジャムと合わせて食べるのが一般的。ジャムを入れて焼き上げるものもあります。

Mamia
マミア

自家製バスクの羊乳ヨーグルト

バスクのヨーグルトだが酸味はなく、
羊乳を凝固させるので濃厚なミルクプリンに近い味わい。
イツァスー村のダークチェリーのジャムかハチミツを添えて。

材料（2個分）
羊乳 …… 100㎖
グラニュー糖 …… 2g
レンニン（凝固剤）…… 0.1g
ダークチェリーのジャム …… 適宜

作り方
1 鍋に羊乳を入れ40℃に温める。
2 ボウルに1とグラニュー糖、レンニンを合わせる。
3 2を再び鍋に移し、40℃にしてから容器に入れる。
4 固まってきたら冷蔵庫に入れて冷やす。
5 ダークチェリーのジャムを添える。

シェフのひとこと
素焼きの容器で作り、現地ではスーパーでも売られているほどなじみ深いものです。スペインではクワハーダ（cuajada）と呼ばれて親しまれています。

Gâteau au lait de brebis
ガトー・オ・レ・ドゥ・ブルビ

ガトー・ブルビ

羊乳の味と香りがし、蒸しパンのような食感で、
おやつ感覚で食べられるあっさりと素朴な味わいのお菓子。

材料（15㎝四角型1台分）

卵 …… 4個
グラニュー糖 …… 100g
羊乳 …… 300㎖
薄力粉 …… 100g
イースト …… ひとつまみ
ラム酒 …… 10㎖
ココアパウダー …… 適量
ダークチェリーのジャム …… 適宜

作り方

1 卵白と半量のグラニュー糖を合わせて泡立て、メレンゲを作る。
2 別のボウルで卵黄と残りのグラニュー糖をもったりするまで混ぜて、羊乳を数回に分けて加え、さらに混ぜる。
3 2に1のメレンゲをさっくり混ぜ込みながら、ふるった薄力粉とイーストを入れ、ラム酒を混ぜる。
4 3を型に流し込み、ココアパウダーをマーブル状にしながらかけ、150℃に熱したオーブンで30分焼く。
5 切り分けて皿に盛り付け、ダークチェリーのジャムを添える。

リュス・ドロロン

Russe d'Oloron

リュス・ドロロン

リュス・ドロロン

近隣の街オロロン=サント=マリーで発祥したお菓子で、ガトー・オロロンとも。ナッツ系のサクッとした生地でカスタードをサンドしたケーキ。

材料(5人分)

- 粉糖 …… 170g
- アーモンドプードル …… 160g
- 卵白 …… 288g
- グラニュー糖 …… 168g
- 薄力粉 …… 78g
- ヘーゼルナッツ …… 50g
- カスタード(P189参照) …… 200g

＜アングレーズソース＞
- 卵黄 …… 2個
- グラニュー糖 …… 40g
- 牛乳 …… 200ml

作り方

1. 粉糖、アーモンドプードルをボウルに入れて混ぜ、半量の卵白を少しずつ入れる。
2. 別のボウルに残りの卵白とグラニュー糖でメレンゲを作り、1とさっくりと混ぜて、薄力粉をふるい入れて混ぜ、クッキングペーパーを敷いたバットに薄く伸ばし、砕いたヘーゼルナッツをまぶし、200℃に熱したオーブンで焼く。
3. 生地を正方形にカットし、カスタードを間に挟みながら重ねる。アングレーズソースをしき、粉糖(分量外)をふる。

＜アングレーズソース＞

1. 卵黄とグラニュー糖を混ぜて、軽く温めた牛乳を加えて混ぜ、鍋に戻して82℃まで上げてとろみをつけたら冷ます。

シェフのひとこと

リュス(ロシアの)という名前の由来は、オロロンに亡命したロシア人捕虜がレシピを伝えたとか、粉糖をふったその外観が、ロシアの平原に積もった雪を表しているなど諸説あります。ひと晩寝かせてしっとりとさせて。

ZUTABEA 13

フランスの
バスク模様のうつわ

バスクを表現するデザインは、ラウブル（バスク十字）、バスク7領域を象徴する7本ストライプ、赤と青の幾何学模様など様々。赤と青の線描きでバスク食器のアイコン的存在となった、フランスの古い食器の魅力をご紹介します。

　バスク模様の古いうつわに私が初めて触れたのは、ある親しい友人宅。赤と青の線描きが白地に映える清々しい姿に、ひと目で虜になりました。それ以来、蚤の市で見かければ狂喜して買い求め、インターネットで探し回り、今では結構な数の食器を持つように。もちろん自宅で毎日使っています。もしかしたら、バスクの住人よりもたくさん持っているのかも知れません。

フランスでのバスクブーム

　あえて『バスク「模様」のうつわ』と呼んでいるのは、私の集める古い食器が、バスク地方で作られた製品ではないからです。1920年代のフランスではバスクブームが起きていて、主にフランス中部・北部・東部地方で、バスク模様を絵付けした食器がたくさん作られました。イポリット・ブーランジェ＝クレイユ・モントロー（H.B.C.M.）、ジアン（Gien）、サンタマン（Saint-Amand）、ディゴワン＝サルグミーヌ（Digoin-Sarreguemines）、ムーラン・デ・ルー（Moulin des loups）、バドンヴィレー（Badonviller）などの有名な窯で、それぞれのバスク模様が描かれた食器が生まれたのです。

様々なバスク模様

　バスクを表現するデザインは、実に多様。バスクの旗をあしらったもの、ラウブル、バスクの7領域を象徴する7本ストライプ、太さの違う赤と青の線が格子状に交差するもの、赤と青で構成された幾何学模様、など。食器で最も親しまれているのは、赤の2重同心円の上に青の短い線がハシゴ状に交差した、クレイユ・モントロー窯のベアルン（Béarn）タイプでしょうか。11世紀までバスク語圏内だったベアルン地方の都市ポーで、「真のバスク模様」として登録商標されたファンダンゴ（Fandango）という特別な意匠も存在しました。ファンダンゴは、リム沿いに赤い線が3本（中央の1本だけが極細）円を描き、そこに青い短い線が16本ハシゴ状に交差した絵柄で、ディゴワン＝サルグミーヌ窯で作られたものが時々見つかります。ジアンのル・ガスコン（Le Gascon）

　というデザインはファンダンゴに少し似ているものの、リム沿いの赤線3本が全て同じ太さである点が違います。サンタマン窯のルー・バスケーズ（Lou Basquez）シリーズでは、リム沿いに円を描くのが赤・青・赤の3本線。ピンク色がかった赤に、ほとんど黒に見える濃紺の配色で、2001年公開の映画『アメリ』の劇中、主人公の食卓に数度登場するスープ皿は、このルー・バスケーズのように見えます。

80年以上にわたって愛される「ベアルン」

　私が特に好きで集めているのは、クレイユ・モントロー窯で1930〜40年代に作られたベアルンです。裏の刻印が青色の陶器製品と、緑色の硬質陶器製品があり、焼き締めがよりやわらかい陶器製品には貫入があるのが特徴。リムに沿った赤い2本線は筆描きで、短い青い線はステンシルでの絵付け（青い線も手描きの陶器製品も稀に見つかります）。素地の成形も手仕事なので、大きさも重さも形も全く同じという品がふたつと存在しません。

　ある航空機専門雑誌の中に、小型艦Air France III号船上の宴席で、ベアルンの食器が実際に使われている様子が写されたモノクロ写真（1936年撮影）を偶然見つけたことがあります。バスク模様のうつわは海の文化と相性が良いとは思っていましたが、実際に船に積まれて使われていたとは。さらに、パリの老舗デパートであるル・ボンマルシェが1931年に発行した商品カタログの裏表紙には、バスク模様の食器とテーブルクロスがカラー刷りされています。1920〜30年代といえば、アール・デコ様式美が世界的に流行した時代。天に向かって真っ直ぐ伸びる建築、直線的な形のドレス、幾何学的な印刷フォントといったアール・デコ意匠と、シンプルで力強いバスク意匠が、自然に惹かれあって盛り上がったのだろうな、と想像しています。

　バスク模様のうつわは1950年代以降、素材をより丈夫な磁器に変えて作り続けられていて、バスク地方の店舗やネットショップで買うことができます。

ZUTABEA 14

ワインやリンゴ酒
バスク地方のお酒

古くはローマ時代よりワインが造られ、サンティアゴ巡礼路の重要な位置ということもあり、ワイン造りが発展してきたバスク地方。独自性とこだわりのあるバスクの人達が醸す多種多様なお酒をご紹介します。

1 ポロン (porrón) という回し飲みを楽しむために使われる独特の形の瓶。**2** パンプローナなどバスク地方で使われる伝統的なワイン袋「ボタ・デ・ビノ (bota de Vino)」。

海バスク・山バスクの食事には欠かせない存在

スペイン・バスクで最も代表的なお酒はチャコリ (chacolí)。このさわやかで軽快なワインは、バスク語ではチャコリニャ (txakolina) といい、現地で飲めないバルはまず見つかりません。

ナバーラは、サンティアゴ巡礼路の途中にある伝統あるワイン産地で、近年は国際品種を取り入れるワイン、伝統品種を見直すワインと多様になり、品質の高い赤・白・ロゼワインが造られています。

スペインを代表するワイン産地のD.O.Ca.リオハは、3つの地域に分かれ、その内の1つリオハ・アラベサは実はバスク地方にあり、芳醇な赤ワインが世界を魅了しています。

一方フランスのバスク地方にはイバニェタ峠の麓にA.O.C.イルレギがあります。小さなワイン産地で、生産量は多くはありませんが、独自性のある良質なワインが造られています。

また、バスク地方ではワインと肩を並べ、バスク語でシャガルドア (sagardoa) と呼ばれるリンゴ酒が有名です。フランスとスペインのどちらでも広く造られています。

● **サンティアゴ巡礼路**
フランス国内出発の巡礼路は4ルート。パリからボルドーを通る「トゥールの道」、ヴェズレーを起点とする「リモージュの道」、ル・ピュイを起点とする「ル・ピュイの道」の3本の巡礼路はサン＝ジャン＝ピエ＝ド＝ポーの手前で合流、アルルを起点とする巡礼路「トゥールーズの道」はプエンテ・ラ・レイナで合流する。スペイン・バスクの巡礼路についてはP182参照。

海バスクの魚介料理やピンチョスには
欠かせない爽やかなワイン

　チャコリの産地は、北はビスケー湾に面し、グリーン・スペインと呼ばれる、比較的雨が多い緑豊かな地域です。海の影響を受け、爽やかな酸味が特徴のフレッシュさを味わうワインです。

　白ブドウ品種は、オンダリビ・スリ、フォル・ブランシュ、プティ・マンサン、プティ・クルビュなど。黒ブドウ品種はオンダリビ・ベルツァ。雨が多いので日本と同じ棚造りが中心ですが、高品質なブドウを造ろうと垣根仕立ての産地も増えてきています。

　チャコリとは元々「農家のワイン」「自家製ワイン」という意味。農家の土地でブドウ樹を育て、家族とその近所で飲むために、カセリオ（バスクの伝統的な家）で、手作業で造られているワインでした。

　スペインの3つの県で造られ、それぞれにD.O.（原産地呼称）があります。「D.O.チャコリ・デ・ゲタリア」はビスケー湾に面するギプスコア県にあり、繊細で微炭酸のチャコリが多く造られます。「D.O.チャコリ・デ・ビスカヤ」はビスカヤ県にあり、ビスケー湾側と山側で造られます。昔ながらの微発泡だけではない、しっかりとした辛口の白も多いのが特徴です。山間のアラバ県で造られる「D.O.チャコリ・デ・アラバ」は、アルコール度数がやや高めの、しっかりしたタイプが多くなります。

チャコリ
バスク語 txakolina
西語 chacolí
仏語 chacoli

3 ビスケー湾の影響を受けるワイナリー「チョミン・エチャニス」のブドウ畑。
4 サン・セバスティアンのバルでエスカンシアール（escanciar）という高い位置から注がれる方法で提供されるチャコリ。

ローマ時代からの伝統ある産地から
近代化と、そして回帰、多様性あるワイン産地へ

　バスク語で「山々に囲まれた平原」に由来するナバーラは、サンティアゴ巡礼路の途中に位置し、中世には既にワイン造りで重要視されていた場所です。9世紀前半に興ったナバーラ王国は、ピレネー山脈を挟んだフランス側にも領土があり、13世紀には、シャンパーニュ伯ティボー4世がナバーラ王に即位したこともあり、フランスから新たなブドウ品種や醸造技術が持ち込まれました。

　ただ、20世紀初頭のナバーラは、隣のリオハの名声の陰に隠れた存在で、ガルナッチャを主体としたロゼワインの産地と見なされていました。しかし1980年代に国際市場で認められるワインを造ろうと、ナバーラ栽培・醸造研究所を中心に、生産者たちが試験栽培・醸造した結果、いくつかの外来種が原産地呼称の認定品種に認められるようになりました。今のD.O.ナバーラは伝統的品種のテンプラニーリョとガルナッチャやモスカテル・デ・グラノ・メヌード、フランス品種はカベルネ・ソーヴィニヨンとメルロやシャルドネが中心に栽培されています。フランス品種単体でのワインも高く評価され、伝統品種とフランス品種をブレンドしたワインからも上質なワインが造られています。一方、若い世代の栽培家は改めて伝統品種に注目し、古木の畑からテロワールを表現しようという動きもあります。

　また、現在のナバーラで注目すべきは、スペインワイン法で単一ブドウ畑限定高級ワイン（ビノ・デ・パゴ）に認定されるワインを3つも産み出すほど、品質の高さを証明する産地に成長したことです。

　ナバーラは今、近代化へと進むワイン、伝統へ回帰するワイン、両者を取り入れるワインなどの多様になり、品質を追求するワイン産地に生まれ変わっています。

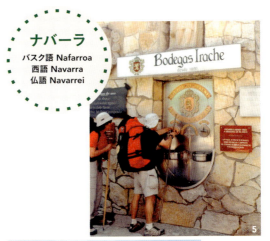

ナバーラ
バスク語 Nafarroa
西語 Navarra
仏語 Navarrei

5 サンティアゴ巡礼路にあるワイナリー「ボデガス・イラーチェ」のフエンテ・デル・ビノ（ワインの泉）。蛇口から無料で赤ワインが飲める。
6 山の上のモンハルディン城と麓のワイナリー「カスティーリョ・デ・モンハルディン」とブドウ畑。

スペインが世界に誇る
魅惑的なリオハの赤ワインはバスクから

　リオハ・ワインの国際的な評価は揺るぎないものです。スペインのワイン法でも、リオハが初めて特選原産地呼称（D.O.Ca.）の認定を受けました。そのD.O.Ca.リオハは3つの地区に分けられます。リオハ・アルタ地区はラ・リオハ州、リオハ・バハ地区はラ・リオハ州とナバーラ州に属します。そしてリオハ・アラベサ地区はバスク自治州に属し、独自の言語と警察隊も持つ行政区分となります。

　エブロ河の上流側は、大西洋からの風を受けて気温が低くなりますが、左岸（北岸）に位置するリオハ・アラベサはカンタブリア山脈に守られ、南向きの斜面が多くなるため、右岸（南岸）が多くを占めるリオハ・アルタより温暖となり、果実味豊かなブドウが生産され、若飲みタイプから熟成向きの赤ワインまで幅広く造られています。

　伝統的（Clasico）なタイプは、アメリカン・オークの大樽で長熟させ、レンガ色で、バニラのニュアンスがあり、熟成感のあるブーケ豊かな赤ワインとなります。

　今日の偉大なワインが誕生したのは19世紀、リスカル侯爵がボルドーからワイン造りの技術を持ち込んでから。特に小樽の使用は革新的（Moderno）で、その後のワイン造りに大きな影響をもたらしました。新しい国際派のスタイルともいえ、アロマ豊かな力強い赤ワインなのが特徴です。以降、醸造と栽培の革新の時代を経て、リオハは常に革新し続けています。

　21世紀は原点回帰へ。土着品種を尊重し、昔から栽培されてきた畑を再発見し、そのテロワールを表現する、というのが新潮流（La Nueva Tendencia）のスタイルです。酸がしっかりあり、エレガントなスタイルの赤ワインが特徴です。

　伝統と革新の織り交ざるリオハの中では、リオハ・アラベサがモダンワインの発端の地であり、常に新しいスタイルのワインが生まれている場所となります。独特の文化を継承するバスクから世界に誇る魅惑的な赤ワインが多く造られているのです。

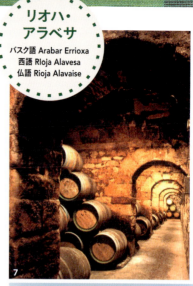

リオハ・アラベサ
バスク語 Arabar Errioxa
西語 Rioja Alavesa
仏語 Rioja Alavaise

7 ワイナリー「マルケス・デ・リスカル」の伝統的な熟成庫。
8 リオハで最も高額な赤ワインが産まれるワイナリー「アルタディ」のエル・ピソンのブドウ畑。

サンティアゴ巡礼路の
フランス・バスク最後のワイン

　中世に、ロンスヴォー大修道院の修道士が、ブドウ樹を栽培したのが発祥とされます。イルレギは、聖地サンティアゴ・デ・コンポステーラへ向かう巡礼路のフランス最後の地のひとつで、元々は、巡礼者にふるまうためにワインを造っていたのが始まりです。

　中心になる町はサン＝ジャン＝ピエ＝ドーポーとサン＝テチエンヌ＝ドーバイゴロイ。大西洋から30kmと比較的海に近いので、通常ならば湿気を多く含んだ風の影響を受けますが、高いところで1,000mを超す山々に囲まれているイルレギの盆地では、西の海側斜面で雨を降らせるフェーン現象の影響で、ブドウ畑には暑く乾燥した風をもたらします。盆地の南向き斜面の段丘に広がる畑は、日照量が豊かで、暖かい晩秋に恵まれ、さらに乾燥しているので、力強いワインが生まれます。

　自前のワインを望む土地で、独自性を守るブドウ栽培人が造るため、個性や風格があります。黒ブドウ品種はタナ、カベルネ・フラン、カベルネ・ソーヴィニヨン。白ブドウ品種はクルビュ、グロ・マンサン、プティ・クルビュ、プティ・マンサンが中心です。

　赤・白・ロゼが造られていますが、赤ワインは、美しいルビー色、完熟したフルーツと樽の香り、シナモンのブーケが特徴です。タナの比率が高くなるとタンニンが独特で力強くなります。余韻が長く、真価を発揮するまで5年は寝かせておく必要があります。

イルレギ
バスク語 Irulegi
西語 Irouléguy
仏語 Irouleguy

9 ピレネー山脈と「カーヴ・イルレギ」のブドウ畑。
10 バスク伝統的な建物の「ドメーヌ・イラリア」の醸造所。

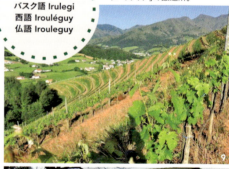

山バスクで欠かせない飲み物。山間の村々ではかつてワインといえばリンゴ酒のことだった

フランスで有名なリンゴ酒の産地は、ブルターニュ地方とノルマンディ地方ですが、緑豊かな山間のフランス・バスクでも品質の高いリンゴ酒が造られています。スペインでの産地はアストゥリアス州とバスク地方。アストゥリアスのリンゴ酒はやや果実味豊か、バスク地方はしっかりした酸味が特徴で、有機農法栽培のリンゴを使用したナチュラル・シードラも多くなります。醸造所が最も多いのは、サン・セバスティアン近郊のアスティガラガ村です。

造り方は伝統的で至ってシンプル。秋に収穫したリンゴを粉砕して果汁を搾り、天然酵母で醗酵。大樽で熟成させ、翌1月にはリンゴ酒となります。アルコール度数は4〜6度とワインと比べると軽い飲みものです。

スペイン・バスクでは、シャガルドテギ (sagardotegi) と呼ばれるレストラン併設のリンゴ酒醸造所で、1月の解禁日以降5月中旬頃まで、クペラ (kupela) と呼ばれる樽からリンゴ酒を直接飲むことができます。醸造責任者が「チョチュ (txotx)」とかけ声をかけながら、大樽の栓を抜くと、樽から勢いよくリンゴ酒が飛び出すので、2メートルほど離れた場所で、寸胴型のグラスを構えて受け取ります。

元々、この「チョチュ」する試飲方法は、バイヤーが異なる樽から選ぶために行っていたのが始まりでした。それが、バスク地方ではリンゴ酒とバスクの伝統食を楽しむ、冬から春の風習として市民も参加できるようになりました。

できるだけ離れたところから注ぐのは、空気と撹拌させて味わいをやわらかくするためと、微発泡のリンゴ酒から発泡感をより引き出すためです。注ぐのはほんの少しひと口ふた口分のみ。引き立たせたキメ細かな泡を、そのまますぐに楽しんで欲しいからです。バルなどでは、チャコリと同様エスカンシアール (escanciar) という高い位置から注がれる方法でも飲むことができます。

リンゴ酒
- バスク語 **Sagardoa** (シャガルドア)
- 西語 **Sidra** (シードラ)
- 仏語 **Cidre** (シードル)

11 アスティガラガ村のリンゴの樹。
12 サン・セバスティアンのバルで注がれるリンゴ酒。
13 大樽からリンゴ酒の新酒を注ぐ「チョチュ」の様子。

カリモーチョ
- バスク語 **Kalimotxoa**
- 西語 **Calimoicho**

14 ピッチャーに、赤ワインとコーラを半々に入れ、蓋をしてゆっくり揺らしながら混ぜ、氷が入ったグラスに注ぐ。

15 パンプローナのサン・フェルミン祭では、ボタ・デ・ビノのワインやペットボトルで作ったカリモーチョをかけ合うことも。

赤ワインをコーラで割るカクテルで、バスク発祥でスペイン各地のバルで飲める。パンプローナのサン・フェルミン祭では、若者は自宅で作ってペットボトルで持ち歩き、飲むほどです。

アルコール図鑑

ワイン、リンゴ酒、ビール、リキュールなどアルコール飲料でバスク地方の代表的なもの、または日本で比較的手に入りやすい銘柄を中心にご紹介します。

チャコリ

生産者	イルスタ / Hiruzta	チョミン・エチャニス / Txomin Etxaniz	アメスグレン / Amesguren
商品名	ゲタリアコ・チャコリニャ・イルスタ / Getariako Txakolina Hiruzta	チャコリ・チョミン・エチャニス / Txacoli Txomin Etxaniz	アメストイ・チャコリ / Ameztoi Txakoli
品種	オンダリビ・スリ95%、グロ・マンサン5%	オンダリビ・スリ85%、オンダリビ・ベルツァ15%	オンダリビ・スリ100%
	対岸にフランスを望む国境の港町オンダリビア。チャコリの主なブドウ品種であるオンダリビ・スリは、この町が発祥の品種で、オンダリビアの白という意味。しかし、この町では長い間ワイナリーが消滅したままでその何世紀にもわたる伝統を回復しようと2006年に「イルスタ」が創業され、良質のチャコリを生産しています。	バスク地方ならではの代表的なワインを多数置く、最も著名なワイナリー「チョミン・エチャニス」。家族経営ながら、チャコリ生産者のトップとして高い評価を得ています。カンタブリア海に面し、最適な日照とほどよい海からの涼風に恵まれた北向き斜面の自社畑から採れるブドウ100%で、味わい豊かなワインを造っています。	人類で初めて世界一周の航海を果たしたのは、地元ゲタリア村の船乗りフアン・セバスティアン・エルカノ。スペイン国王が彼に授けた紋章に記した言葉と肖像画が、ワイナリーの紋章に記されることを許されたほどの由緒ある「アメスグレン」。数世代にわたり伝統を守り続けチャコリを生産しています。
価格(円)	2,600	3,000	2,900
輸入元	株式会社いろはわいん	ワインキュレーション株式会社	株式会社イムコ

ナバーラ

生産者	カスティーリョ・デ・モンハルディン / Castillo de Monjardín	J. チビテ・ファミリー・エステート / J. Chivite Family Estates	ボデガス・イラーチェ / Bodegas Irache
商品名	カスティーリョ・デ・モンハルディン・シャルドネ・レセルバ / Castillo de Monjardín Chardonnay Reserva	チビテ・ラス・フィンカス・ロサード / Chivite Las Fincas Rosado	ビーニャ・イラーチェ / Viña Irache
品種	シャルドネ	ガルナッチャ54%、テンプラニーリョ46%	テンプラニーリョ60%、カベルネ・ソーヴィニヨン20%、ガルナッチャ20%
	標高1,000mのモンハルディン城の麓に位置し、ワイナリーのあるモンハルディン地区ではシャルドネとピノ・ノワールを栽培。冷涼な気候を生かしたエレガントなワインを生み出しています。このシャルドネは、225ℓのアリエ産フレンチオーク新樽で、樽発酵樽熟成合計約12か月、その後24か月瓶内熟成。シャルドネのレセルバを名乗っているのは、スペインではこのモンハルディンだけです。	1647年に創設された「ボデガス・フリアン・チビテ」は、スペインで最も古いワイン生産者のひとつで名門ワイナリー。「チビテ・ラス・フィンカス・ロサード」は、サン・セバスティアンの3つ星レストランの『アルザック』と共同で造り上げたロゼワイン。他にはシャルドネから造る世界的に高評価の「コレクション125ブランコ」が看板的な白ワインとしては有名です。	創立1891年の「ボデガス・イラーチェ」は「巡礼の道」沿いにあり、このワイナリーの隣にある10世紀に建てられたイラチェ修道院は巡礼者の救護院として親しまれてきました。特に、若飲みタイプの「ホーベン」はスペインで広く親しまれています。ピノ・デ・パゴ(単一ブドウ畑限定高級ワイン)の「プラド・デ・イラーチェ」も造られています。
価格(円)	2,800		1,550
輸入元	ミリオン商事株式会社	未輸入	株式会社イムコ

リオハ (リオハ・アラベサ)

生産者	ボデガス・ルイス・アレグレ / Bodegas Luis Alegre	マルケス・デ・リスカル / Marques de Riscal	ボデガス・ムルア / Bodegas Murua
商品名	ルイス・アレグレ・クリアンサ / Luis Alegre Crianza	マルケス・デ・リスカル・ティント・レセルバ / Marques de Riscal Tinto Reserva	ムルア・レセルバ / Murua Reserva
品種	テンプラニーリョ、ガルナッチャ、グラシアーノ、マスエロ	テンプラニーリョ、グラシアーノ、マスエロ	テンプラニーリョ93%、グラシアーノ5%、マスエロ2%
	「ボデガス・ルイス・アレグレ」は、カンタブリア山脈麓に位置する古の要塞都市、ラグアルディアの城壁近くにある近代的なワイナリーです。リオハ・アラベサの気候と石灰質土壌から生まれるブドウから、非常に丁寧なワイン造りを行っています。熟成はアメリカンとフレンチオークで12か月の後、さらに12か月瓶熟させます。	「マルケス・デ・リスカル」は、1858年にリスカル侯爵によって設立されたワイナリー。リスカル侯爵は、伝統的なリオハのワイン製造法を、フランスの製造法に改革したリオハで最初の生産者です。セラーには、時のスペイン国王が選んだ国王専用のワインが常に保管されているほど、由緒あるワイナリーです。	リオハ・アラベサのワイン造りの心臓部であり、中世の街並みが美しいエルシエゴ村。この村のなだらかな丘の上に設立されたのが「ボデガス・ムルア」です。マサベウ家が100年の時を超え1974年にこの地でワイン造りを再開しました。ボデガの廻りに広がる歴史的な自社畑のブドウから伝統的かつエレガントなワインが造られます。
価格(円)	4,200	2,500	3,300
輸入元	株式会社サス	サッポロビール株式会社	株式会社イムコ

ボデガ K5 / Bodega K5	アラバコ・チャコリーナ / Arabako Txakolina
チャコリ・K5・アルギニャノ / Txakoli K5 Argiñano	チャコリ・チャルマン / Txakoli Xarmant
オンダリビ・スリ100%	オンダリビ・スリ、オンダリビ・ベルツァ、他
スペインで著名なシェフ、カルロス・アルギニャノが創設した新しいワイナリー「ボデガ K5」。発泡性を残さないスタイルで、長期間シュールリーを行います。この「チャコリ・K5・アルギニャノ」をはじめとして、星付きレストランでの需要が多く、エスカンシアールしないのを推奨するガストロノミックなチャコリです。	3つの原産地呼称があるチャコリの中で、チャコリ・デ・アラバは内陸性気候の影響を一番受け、ブドウに果実味を与え、微発泡でフレッシュな味わいとなります。収穫後1年ぐらいでほぼ地元のみで消費されています。現在のオーナー醸造責任者は、原産地呼称委員会の会長でもあります。
2,240	2,000
ワインキュレーション株式会社	ユニオンリカーズ株式会社

モナスティル / Monastir	ボデガス・オチョア / Bodegas Ochoa
モナスティル・S・XII・システル / Monastir S.XII cister	オチョア・レセルバ / Ochoa Reserva
メルロー、テンプラニーリョ、カベルネ・ソーヴィニヨン	テンプラニーリョ、カベルネ・ソーヴィニヨン、メルロ
こちらの「モナスティル・S・XII・システル ワイン」は「12世紀のシトー派の修道院」という意味。モナスティルと呼ばれるこの土地は、古くから様々な品種が栽培された土地で、品質の根本的な源は、ブドウ畑にあるとするコンセプトを再現。生産量を限定し、豊富なボディとエレガントな表情豊かなモダンタイプのワインです。	「ボデガス・オチョア」は、ナバーラ王国の首都があったオリーテにあるワイナリーで、オチョアワインの歴史は14世紀まで遡るほど。南向きの畑は、ブドウの葉全体に陽があたるようにと、列の間隔は3m、株間は1mと、非常に贅沢な栽培法を採用しています。完熟したブドウを丁寧に選別して造られたワインを多数生産しています。
3,000	3,200
有限会社 ワイナリー和泉屋	株式会社サス

1 チャコリの主要ブドウ品種オンダリビ・スリ。
2 ナバーラやリオハの主要ブドウ品種テンプラニーリョ。

ボデガス・バルデラナ / Bodegas Valdelana	テルモ・ロドリゲス / Telmo Rodriguez	アルタディ / Artadi
ドゥケサ・デ・ラ・ビクトリア・ティント / Duquesa de la Victoria Tinto	アルトス・ランサガ / Altos Lanzaga	ビーニャ・エル・ピソン / Viña El Pisón
テンプラニーリョ主体	テンプラニーリョ、グラシアーノ、ガルナッチャ	テンプラニーリョ
1583年からワイン造りを始めた、リオハ最古のワイナリー。スペイン国王フェリペ2世統治の時代、エルシエゴ独立の際にバルデラナのワインが対価として支払われたと記録に残っています。リオハの3地域のひとつリオハ・アラベサ（バスク）に位置しています。世界初！このワインのラベルのバラを擦るとワインのアロマを感じます。	テルモ・ロドリゲスは、リオハ・アラベサにあるワイナリー「レメリュリ」を所有する一家に生まれ、ボルドーで醸造学を学び、現在はスペイン各地でワインを造り、改革精神が旺盛な醸造家として知られています。ランシエゴ村の中でも最高のテロワールで知られる7つの区画では、すべてビオディナミ栽培を実践しています。	ワイナリー「アルタディ」はスペインの単一畑の先駆者です。入念な畑の管理と、精巧な醸造技術により、フラッグシップの「ビーニャ・エル・ピソン」はモダン・リオハの最高峰的存在のワインと評価されています。リオハ・アラベサはバスク州にあり、リオハではないと2015年末にDOCaリオハを脱退、独自のDO創設に動き出しました。
1,500	11,900	40,000
ユニオンリカーズ株式会社	株式会社オーデックス・ジャパン	株式会社ヴィントナーズ

アルコール図鑑

イルレギ

生産者	カーヴ・イルレギ / Cave Irouléguy	ドメーヌ・エリ・ミナ / Domaine Herri-Mina	ドメーヌ・イラリア / Domaine Ilarria
商品名	イルレギ・ブラン・シュリ / Irouléguy Blanc Xuri	イルレギ / Irouléguy	イルレギ・キュヴェ・ビシンショ / Irouléguy Cuvée Bixintxo
品種	グロ・マンサン70%、 プティ・マンサン20%、プティ・クルビュ10%	グロ・マンサン85%、 プティ・クリュビュ12%、プティ・マンサン3%	タナ40%、カベルネ・フラン38%、 カベルネ・ソーヴィニヨン22%
	「カーヴ・イルレギ」はフランス・バスク唯一のAOCイルレギを支える協同組合です。イルレギは12の村にまたがる240ヘクタールの小さな規模のAOCですが、カーヴ・イルレギは、そのうち約60%を所有しています。「シュリ」は、バスク語で「白」の意味です。	世界的に有名になっても、生まれ故郷のバスクへの想いを抱き続けていたシャトー・ペトリュスの元醸造責任者ジャン＝クロード・ベルエ。その郷愁からイルレギで畑を購入、ごくわずかに白ワインを造っています。「エリ・ミナ」とはバスク語でノスタルジーの意味です。	最良年に限って造られる「ドメーヌ・イラリア」のプレステージ・キュヴェ。2004年からは生産されておらず、2009年は5年ぶりにリリースされました。「ビシンショ」はイルレギの守護聖人で、バスク語で聖ヴァンサンを指しています。
価格(円)	3,500	3,540	5,070
輸入元	株式会社いろはわいん	出水商事株式会社	出水商事株式会社

リンゴ酒

生産者	エスティガ / Eztigar	シャガルドア・アスティアサラン / Sagardoa Astiazaran	オスカル・ベレシアルトゥア / Oscar Bereziartua	サピアイン / Zapiain
商品名	シードル・ペティアン / Cidre Petillant	アスティアサラン・シードラ・セカ / Astiazaran Sidra Seca	ベレシアルトゥア / Bereziartua	サピアイン・シードラ・ナトゥラル・プレミアム / Zapiain Sidra Natural Premium
産地	フランス・バスク	スペイン・バスク	スペイン・バスク	スペイン・バスク
品種	アニシャ、マムラ、オンドモチャ、ペアチャ、ゴールディン・シュリア、エリ・シャガラ、エスティカ		チャラカ、ウルテビア、フデリネ、フドール	
	バスクの地リンゴを守り、伝統的なシードラを生産する協同組合「エスティガ」。1990年に、バスク地方のローカル品種のリンゴを復活させるため植えられた多数のリンゴの木を1996年から管理、運営しています。生産量の90%はバスク圏内の60km内で消費されていて、輸出はほぼされていません。	「アスティアサラン」は、最初は家族や近所の人々に楽しんで欲しいと始めた小さな醸造所です。120年以上も続き、現在4代目。有機栽培の小さなリンゴを使用し、酸化防止剤など添加物を一切使用しないナチュラル・シードラは、多くのコンクールで優勝の証のベレー帽を受けています。	1870年創業、4代にわたりシードラを生産。醸造所裏手にある山の野生のバスクリンゴを使用し、バスク伝統の製法を守って醸造しています。2015年、ワイン雑誌『ファルスタッフ』で行われたシードル特集で、スペインで唯一ヨーロッパのBestシードル10にランクインしました。	サピアイン社は1595年より伝統的シードラを製造しています。2016年に制定されたD.O. バスク・シードラ原産地呼称に認定され、伝統的な自然派のシードラを造っています。2019年のサン・セバスティアンで開催された「国際シードル・コンペティション」では最優秀賞を獲得。バスクのほとんどの星付きレストランやバルで愛されています。
価格(円)	2,100	1,500	1,500	1,600
輸入元	株式会社いろはわいん	株式会社イムコ	有限会社オーケストラ	ユニオンリカーズ株式会社

ビール

生産者	エウスカル・ガラガルドア / Euskal Garagardoa
商品名	パゴア・オリア・ピルスナー / Pagoa Horia Pilsner
産地	スペイン・バスク
	1998年の創業以来、バスクの原料を使用し、保存料添加物を一切使わない伝統的な製法でビールを醸造しています。ラベルの模様は1,000年以上の歴史のあるバスク伝統のシンボルをヒントにデザイン。オリア・ピルスナーは、ナバーラのモルトが醸し出す、焼きたてのパンやビスケット、さらにホップの香りが印象的なビールです。
価格(円)	570／330ml
輸入元	株式会社池光エンタープライズ

リキュール

生産者	ローラン・ジスカール・デスタン / Roland Giscard d'Estaing	ディエゴ・サモラ / Diego Zamora
商品名	イザラ・ヴェール / Izarra Vert	パチャラン・ナバロ・ソコ / Pacharán Navarro Zoco
産地	フランス・バスク	ナバーラ
	バスク語で「星」を意味する「イザラ」のレシピは、1855年まで遡ることができるほど、フランス・バスクを代表する歴史あるリキュールです。多くのスパイスやハーブに浸漬されたアルマニャックがベース。このミントを使った「ヴェール」のほかにハチミツの「ジョーヌ」、そして「54」があります。	スピノサスモモを使用したナバーラの伝統的リキュール。アニスに浸して造られます。パチャランはバスク語で蒸留酒を意味する「パタール」と、スピノサスモモの意味を持つ「アラン」からなります。現地では食後酒として楽しまれています。
価格(円)		3,100／1,000ml
輸入元	未輸入	ユニオンリカーズ株式会社

※価格はすべて2016年4月1日現在のものです。

Text : Baba yuji　Photo : 1.2 / Sugawara Chiyoshi

バスク食材取扱店

食材など

店名	電話	住所	備考
男の台所／株式会社けやきインターナショナル www.rakuten.ne.jp/gold/otokonodaidokoro/	(03) 3252-5787 keyaki@otokonodaodokoro.com	〒101-0047 東京都千代田区内神田2-15-9 内神田282ビル	ホテルのシェフが日常使っている食材を販売するショップ。バスク豚などバスクの食材が豊富に揃う。
株式会社マルシェ http://verjus.shop-pro.jp	090-7869-1189 marche@dp38061159.lolipop.jp	〒410-0882 静岡県沼津市町方町35	フランス食材を中心に気軽にそのままでも食べられる食材を販売。
ハイ食材室／株式会社ドレステーブル www.rakuten.ne.jp/gold/hi-syokuzaishitu	(03) 5829-3430 support@dresstable.co.jp	〒103-0007 東京都中央区日本橋浜町1-11-8-5F	フランスやイタリア、スペインなど各地の高級食材を多数取り扱っている。
株式会社ディバース www.diverse.co.jp	(03) 6277-7871 info@diverse.co.jp	〒106-0044 東京都港区東麻布1-15-8	厳選されたスペイン食材、生ハムなど加工肉、チーズ、食用油、豆や香辛料など各種揃えている。
Aimon Trading Company www.bonappetit-net.com	(03) 3372-1791 aimon@bonappetit-net.com	〒151-0071 東京都渋谷区本町4-6-1 ライオンズガーデン初台414	ヨーロッパ（主にフランス）からバスク豚（Fipso社、Oteiza社）やフォワグラ、各種調味料、ジャムを扱う。
株式会社鳥新 www.torishin.jp	(03) 3962-2371	〒173-0005 東京都板橋区仲宿39-3	バスク豚など特殊肉・食肉及び食肉加工品及び関連食材の生産・輸入・販売を行う。
株式会社フェルミエ www.fermier.co.jp	(03) 5776-7722	〒105-0002 東京都港区愛宕1-5-3 愛宕ASビル	チーズ専門輸入商社。都内4店舗。札幌に1店舗。オンラインでも購入可能。

ワイン・リンゴ酒・リキュール・ビール

店名	電話	住所	備考
株式会社池光エンタープライズ www.ikemitsu.co.jp	(03) 6459-0480 bestbeer@ikemitsu.co.jp	〒105-0001 東京都港区虎ノ門3-18-19 虎ノ門マリンビル5F	ビールを中心に世界17か国から70種類のお酒を輸入。
出水商事株式会社 www.izumitrading.co.jp	(03) 3964-2272 itcinfo@izumitrading.co.jp	〒173-0004 東京都板橋区板橋1-12-8	希少なラインアップで定評あるワイン専門輸入商社。
株式会社イムコ www.ymco.co.jp	(052) 781-7476 mail-ymco@ymco.co.jp	〒465-0097 愛知県名古屋市名東区平和が丘3-75-1	スペインを中心としたヨーロッパ各国のワイン輸入商社。
株式会社いろはわいん www.irohawine.jp	(03) 6459-4715 info@irohawine.jp	〒105-0003 東京都港区西新橋1-19-6-603	フランス、スペインワイン専門輸入商社。酒販店への販売が主。
株式会社ヴィントナーズ www.vintners.co.jp	(03) 5405-8368 info@vintners.co.jp	〒105-0001 東京都港区虎ノ門3-18-19 虎ノ門マリンビル5F	ワイン専門輸入商社。WEBサイトにて生産者詳細等が閲覧可能。
有限会社オーケストラ www.orchestra.co.jp	(0576) 25-6631 wine@orchestra.co.jp	〒509-2202 岐阜県下呂市森967-7	スペインワイン専門輸入販売。楽天市場オンラインでも購入可能。
株式会社オーデックス・ジャパン www.odexjapan.co.jp	(03) 3445-6895 glasshouse@odexjapan.co.jp	〒108-0074 東京都港区高輪4-1-22	1972年の設立から40年以上もヨーロッパのワインを日本に発信。
株式会社キムラ www.liquorlandjp.com	(082) 241-6703 webinfo@liquorlandjp.com	〒730-0814 広島県広島市中区羽衣町13-12	スペインワインに特化した輸入商社。詳細はWEBサイトにて閲覧可能。
株式会社サス http://shop.spainclub.jp/	(03) 3552-5223 info@spainclub.jp	〒104-0042 東京都中央区入船3-10-7 有楽堂ビル3F	スペインワイン食材輸入商社。スペイン・レストラン・バルを展開。
サッポロビール株式会社 www.sapporobeer.jp	0120-207800	〒150-8522 東京都渋谷区恵比寿4-20-1	「WINE MARKET PARTY」www.partywine.comのネットショップでも購入可能。
ミリオン商事株式会社 www.milliontd.co.jp	(03) 3615-0411 toukatsu@milliontd.co.jp	〒135-0016 東京都江東区東陽5-26-7	酒類専門輸入商社。オンラインショッピングあり。
ユニオンリカーズ株式会社 www.union-liquors.com	(03) 5510-2684 info@union-liquors.com	〒100-0013 東京都千代田区霞が関3-6-7 霞が関プレイス	ヨーロッパ各国から、ワイン、リキュール、ビールや飲料等を輸入。
ワインキュレーション株式会社 www.kbwine.com	0120-070-880 info@kbwine.com	〒164-0001 東京都中野区中野2-30-5 中野アーバンビル5F	ネット専門ワインショップ。主にヨーロッパからの自社輸入も行う。
有限会社 ワイナリー和泉屋 www.wizumiya.co.jp	(03) 3963-3217 wine@wizumiya.co.jp	〒173-0004 東京都板橋区板橋1-34-2	ワイン専門輸入商社。インターネット販売も行う。

Amazon.co.jp(www.amazon.co.jp)やコストコ（www.costco.co.jp）などでも一部手に入ります。
※すべて2022年2月末の情報です。

作元慎哉
Sakumoto Shinya

1982年生まれ、石川県小松市出身。高校在学時に料理の道に進むことを決意、大阪の辻学園調理師学校に進学。素材の味を活かし、シンプルな調理法で素材の美味しさを引き出すスペイン料理の魅力に惹かれ、スペイン料理を専攻。卒業後、金沢のホテルの洋食部門で3年間勤務の後、スペインへ渡り、バスク地方とカタルーニャ地方に5年間滞在。バスク地方のオンダリビアの『アラメダ (Alameda)』(ミシュラン1つ星)、バルセロナの『フォンダ・サラ (Fonda Sala)』、バルセロナの『ネイチェル (Neichel)』、カタルーニャ州サン・セローニの『カン・ファベス (Can Fabes)』(ミシュラン3つ星)では部門シェフを務めた。帰国後は地元石川にてスペイン料理レストランのシェフを務め、2011年7月7日に東京都港区・西麻布『FERMiNTXO (フェルミンチョ)』をオープン。フェルミンチョという店名は、牛追い祭で有名なパンプローナの守護聖人サン・フェルミン祭 (7月7日) にちなんだスペイン修業時代の作元シェフ (7月7日生まれ) の愛称から。2014年1月アークヒルズに日本初のボカディージョ専門店『FERMiNTXO BOCA (フェルミンチョボカ)』をオープン。ワインスクール「アカデミー・デュ・ヴァン」スペイン料理講師なども務める。

フェルミンチョ
FERMiNTXO
〒106-0031 東京都港区西麻布1-8-13
03-6804-5850
www.fermintxo.com

「自然の恵み、素材の良さを最大限に活かし、シンプルな調理法なのに美味しいスペイン料理、特にバスク地方やカタルーニャ地方の味に惹かれました。生活の知恵が産み出したクラシックな家庭料理もいいですね。バスク地方は、皆家族のように扱ってくれ、居心地が良くて愛着があります。現地のものと地のもの両方を使って、スペイン料理の範疇は出ないように、ニュアンスを出しながら、自分なりに解釈して奥行きを出しています。これからも幸福感を感じられる美味しいものを表現したいですね」

和田直己
Wada Naoki

1977年生まれ、埼玉県出身。実家は和田精肉店。19歳で本格的に料理の道を志し、都内のレストランで修業。ひとつのジャンルを極めようと探求をはじめ、フランス・リヨンの伝統的な郷土料理を出すスタイルのレストラン「ブッション」が好きだったことから2002年シャンベリ(Chambéry)に渡る。約1年間滞在し、その後料理人の友人から、サン=ジャン=ピエ=ド=ポーの『オテルデピレネー・シェ・アランビッド』(1939創業、現在はL'hôtel les Pyrénées -Famille Arrambide-)』(ミシュラン1つ星)を紹介される。手紙を送って頼んだ熱意が通じ、日本への一時帰国を経て2003年より正式に勤務。その後ランド地方ソービーズの『ヴィラ・スティング(Villa Stings)』(ミシュラン1つ星)で副料理長を務める。2007年帰国、渋谷『アバスク』開店当初より料理長を務め、2010年から3年連続でミシュラン1つ星を獲得。2012年12月アバスクを退社し、2013年2月8日並木橋にバスク料理レストラン『サンジャン・ピエドポー(Saint-Jean-Pied-de-Port)』をオープン。

サンジャン・ピエドポー
Saint-Jean-Pied-de-Port
〒150-0011 東京都渋谷区東1-27-5
シンエイ東ビル2F
03-6427-1344
http://home.s01.itscom.net/st-j-p-p/

「フランス・バスク地方、特にサン=ジャン=ピエ=ド=ポーは普段何気なく散歩する道や街も含めてすべてが良くて気に入っていました。また、バスク人の食に対する誇り、自然の恵みの大切さ、伝統に対する信念に感銘を受けました。修業したレストランでは、手間暇をかけ、きちんと丁寧な作り方をしていたアランビッドさんから学んだ伝統の味をしっかり引き継いで守ることを心がけています。日本にも自分が受けた感動を伝えていきたいと願っています」

ZUTABEA 15
シンプルで素朴 バスク地方のリネン

独特な風合いでファンも多い、フランス・バスクのテーブルリネン。元々は暑さや虫除け対策で牛の背中にかける布として使用されていたそうです。当初は濃紺の2本線のものが定番で、その後、様々な色が登場。縞の色は職業を表すようになり、青は漁師、緑は羊飼いを意味していたとか。のちに、バスクの7つの領域を示す7本のストライプが定番となり、現在では様々にカラフルにアレンジされたものもたくさんデザインされるようになっています。生地も以前は麻でしたが、今は100%綿が中心です。

スペイン・バスクでは、リネンの生産は盛んではなく、バスク民族旗の赤・緑・白を基調とし、模様が織り込まれている伝統的な柄が定番。テーブルセンターとナプキンなどを組み合わせて戸棚に常備している家庭も多いとか。

オナ・ティス (Ona Tiss) は1948年創業で、紡ぎから織りまで行う老舗メーカー。サン=パレ (Saint-Palais) に工房があり、昔ながらの柄を中心に多数提供し、サン=ジャン=ド=リュズなどに直営店がある。

1910年創業の老舗のバスク織メーカーで、色鮮やかな配色が特徴のアルティガ (Artiga)。ベアルン地方に工房があり、バイヨンヌやエスペレットなど各地に直営店を持つ。テーブル周りの小物なども多数揃えている。

1908年創業のエスペレット村に工房を構える老舗メーカー、ティッサージュ・ド・リュズ (Tissage de Luz)。フランス各地に直営店を構え、家族的な雰囲気でバスク織の伝統を守り続けているバスク織ブランド。

ZUTABEA 16
バスク地方の名産品

フランス・バスクを代表するチーズ。

オッソー・イラティ
Ossau-Iraty

豊かな夏の草を食べた羊のミルクでつくったチーズで、産地がフランス・バスク地方の"イラティの森"とベアルン地方の"オッソーの谷"であることからこの名が付けられました。ダークチェリーやハチミツを付けていただくのが伝統です。アグール社は、スペイン国境に近いバスク地方の美しい草原にある、家族経営の工房。アグール社のオッソー・イラティは、目が詰まりよく締まったしなやかな生地で、ふくよかなコクと自然の滋味にあふれ、羊乳の濃厚な旨味とハチミツを思わせるような甘味。こってりとまろやかで、赤ワインだけでなく、甘口ワインにもぴったりです。

スペイン・バスクを代表するチーズ。

イディアサバル
Idiazabal

スペイン・バスクの小さな町イディアサバルで作られている羊乳製チーズ。羊のミルクの甘味と酸味、そして軽いスモーク香が楽しめます。使用するミルクはラチャ羊やカランサナ羊といった土地の羊の乳のみ、凝固剤は小羊レンネットを使うなど、厳しい規定のなか造られています。このスモーク香は、かつて台所の煙で自然に燻製されたのがきっかけといわれており、現在はサクラやブナのチップを使って表裏24時間ずつ、計48時間燻製させています。どっしりとした赤ワインやブランデーに合います。

バスク豚とピエール・オテイザ氏。

ピー・ノワール・デュ・ペイ・バスク
Pie noir du Pays Basque

ピエール・オテイザ社はフランス・バスクのアルデュード渓谷の山村にあり、当時絶滅の危機に瀕していたバスク豚の純血種を守るため1987年に創設。1929年には約14万頭いたバスク豚が1981年にはわずか20頭ほどに減ったのを、各種保護プログラムと努力の結果、現在は4,000頭までになったとか。それでも非常に希少価値のある豚です。栗やドングリ、ブナの実など、季節ごとの恵みをたくさん食べて、ストレスなく育った結果、脂身もほどよい厚さで、肉も風味豊か。キントア (Kintoa) 豚とも呼ばれ、頭と尻にブチ模様が入っているのが特徴です。

吉田浩美
Yoshida Hiromi

執筆・バスク語校正

早稲田大学非常勤講師。東京大学大学院人文社会系研究科言語学専門分野博士課程修了博士（文学）。バスク自治政府認定バスク語教授資格取得。専攻は言語学、バスク語。著書に『バスク語のしくみ』『バスク語会話練習帳』『バスク語基礎1500語』など。

菅原千代志
Sugawara Chiyoshi

写真

岩手県生まれ、日本写真家協会会員。1980年代からスペイン各地を取材、ガイドブックの制作にも携わる。サン・フェルミン祭の外国人賞Guiri del Año 2010を日本人で初めて受賞。『スペインは味な国』（共著）、『アーミッシュへの旅 私たちのなくした世界』など著書多数。

山口純子
Yamaguchi Junko

執筆・写真

1995年よりスペイン在住。美食コーディネーター。テレビや雑誌などのコーディネート、ガイド、通訳をつとめる。写真家菅原千代志氏と共著で『スペイン美・食の旅 バスク&ナバーラ』を上梓。Facebook「バスク美食倶楽部」にてサン・セバスティアンより最新情報を発信中。

小成富貴子
Konari Fukiko

執筆・写真

上智大学外国語学部イスパニア語学科卒。マドリード自治大学留学。2011年表参道にセレクトショップAIRE（アイレ）をオープン。2014年より「スペインワインと食協会」の公認ライター。2015年よりワインスクール「アカデミー・デュ・ヴァン」にてスペイン料理とワイン講師として活躍。2011年JSA公認ワイン・エキスパート。2012年SSI公認唎酒師。

馬場祐治
Baba Yuji

コーディネート・執筆・写真

山梨大学卒業。学生時代よりワインに携わり、スペインほか各国の産地を訪問。自宅でスペインやフランスなどのブドウ樹を各種栽培。ワインのインポーターに長年勤務。バスクワインやシードルなども輸入する。ワイン関連協会、大学、NHK文化センター、ワインスクールなどでワインセミナーも行う。2006年最優秀ベネンシアドール、1998年ポートワイン・ソムリエコンテスト優勝。

堀越典子
Horikoshi Noriko

執筆・写真

出版社、編集制作会社での編集職を経て1995年からフリーランスライターに。酒食に関連するテーマを中心に、雑誌・PR誌を中心とした媒体に記事を寄稿。スペイン各地の料理店、ワイナリー、クラフトビール醸造所も多数取材。巡礼の道「カミーノ・デ・サンティアゴ」の愛好者でもある。

小泉彩子
Koizumi Ayako

執筆・写真

パリ近郊在住。パリの週末骨董市めぐりを綴ったブログ「パリ彩々。」を運営、「468510.com（ヨーロッパコットウ）」と「achikochiz.com」でアンティーク品を販売。バスク模様の食器の大ファンでありコレクター、バスクの古いリネン類も少しずつ蒐集中。得意なバスク料理は仔牛のアショア。

志田実恵
Shida Mie

企画・編集・取材

フリーランスのエディター＆ライター。出版社勤務後、2007年からスペイン留学を経て2008年よりメキシコに4年半滞在し、旅行情報誌の編集長を務める。帰国後もバスク地方などスペイン各地を回り、旅行ガイドブックの編集などに携わる。2015年7月企画・編集・執筆した『メキシコ料理大全』刊行。

Photo: Uenishi Mitsu

Staff

監修・レシピ・料理作成：作元慎哉、和田直己
コーディネート：馬場祐治、小成富貴子
企画・編集：志田実恵
執筆：山口純子、堀越典子、小成富貴子、小泉彩子、馬場祐治
料理・店内撮影：手塚栄一
現地撮影：菅原千代志
装丁・デザイン：ニルソン（望月昭秀、木村由香利）
校正：聚珍社
バスク語校正：吉田浩美
ディレクション：図書印刷クリエイティブ・センター　神林嘉輝
協力：スペイン大使館経済商務部、スペイン貿易投資庁、スペイン・ワイン協会、スペイン・ワインと食協会、グリーンスペインプラス、フランス貿易投資庁、フランス観光開発機構
撮影・取材・校正協力：青木繁、植西みつ、上村章文、小泉彩子、松浦芳枝、水科大輔、宮根晴明、宮根由美子

Special Thanks to : Jonke Aurreko、Beñat Ormaetxea Zenikazelaia、Álvaro Calleja、Joseba Arana

参考文献

『現代バスクを知るための50章』萩尾生・吉田浩美／明石書店
『バスク物語-地図にない国の人々』狩野美智子／彩流社
『バスク人』ジャック・アリエール／白水社
『バスク語入門』下宮忠雄／大修館書店
『バスクとバスク人』渡部哲郎／平凡社
『バスクもう一つのスペイン』渡部哲郎／彩流社
『山バスク海バスク：大人バスク。』パジェス中土美、マイアット須佐かおり／ギャップジャパン
『バスク・モンドラゴン：協同組合の町から』石塚秀雄／彩流社
『スペイン美・食の旅』菅原千代志、山口純子／平凡社
『家庭で作れるスペイン・バスク料理』丸山久美／河出書房新社
『人口18万の街がなぜ美食世界一になれたのか― スペイン サン・セバスチャンの奇跡』高城剛／祥伝社
『わたしとバスク（クウネルの本）』長尾智子／マガジンハウス
『甘い香りの幸せデザート—南仏・バスク地方のシンプルな暮らし』マテスク里佐／アップオン
『スペイン料理一刺繍　料理場・料理人』深谷宏治／柴田書店
『スペインの竈から 美味しく読むスペイン料理の歴史』渡辺万里／現代書館
『日本ソムリエ協会・教本』一般社団法人 日本ソムリエ協会
『スペインワイン図鑑』編集：スサエタ社／原書房
『FINE WINEシリーズ スペイン リオハ＆北東部』へスス・バルキン、他／産調出版
『スペイン・ワイン』大滝恭子、永峰好美、山本博／早川書房
『フランスワイン テロワール・アトラス』編者：ブノワ・フランス／飛鳥出版
『新フランスワイン』アレクシス・リシーヌ／柴田書店
『世界のワイン図鑑』ヒュー・ジョンソン、ジャンシス・ロビンソン／ガイアブックス
『ヴィノテーク』編集：吉田節子／ヴィノテーク
Le carnet de cuisine du Pays basque / Stéphanie BERAUD-SUDREAU / Éditions Sud Ouest
Cocina Tradicional Vasca / Susaeta
Un viaje por la cocina VASCA / TIKAL
Recettes paysannes du Pays Basque / Livres de recettes

家庭料理、伝統料理の調理技術から食材、
食文化まで。本場のレシピ100

バスク料理大全

NDC596

2016年 6月17日　発　行
2022年 4月 1日　第 3 刷

著　者　　作元慎哉、和田直己
発行者　　小川雄一
発行所　　株式会社 誠文堂新光社
　　　　　〒113-0033　東京都文京区本郷3-3-11
　　　　　電話03-5800-5780
　　　　　https://www.seibundo-shinkosha.net/
印刷・製本　図書印刷 株式会社

ⓒ2016, Shinya Sakumoto, Naoki Wada.
Printed in Japan
検印省略
禁・無断転載

落丁・乱丁本はお取り換え致します。

本書のコピー、スキャン、デジタル化等の無断複製は、著作権法上での例外を除き、禁じられています。
本書を代行業者等の第三者に依頼してスキャンやデジタル化することは、たとえ個人や家庭内での利用であっても著作権法上認められません。

JCOPY（一社）出版者著作権管理機構 委託出版物〉
本書を無断で複製複写（コピー）することは、著作権法上での例外を除き、禁じられています。本書をコピーされる場合は、そのつど事前に、（一社）出版者著作権管理機構（電話 03-5244-5088／FAX 03-5244-5089／e-mail:info@jcopy.or.jp）の許諾を得てください。

ISBN978-4-416-61612-3